MOEWIG

DOKUMENTATION

L. V. Richard

Inselspringer im Pazifik

MOEWIG
Originalausgabe

MOEWIG Band Nr. 4346
Moewig Taschenbuchverlag Rastatt

Umschlagfoto: Moewig Archiv
Karten im Innenteil: Martin Pfitzmann, Berlin
Umschlagentwurf und -gestaltung: Franz Wöllzenmüller, München
Verkaufspreis inkl. gesetzl. Mehrwertsteuer
Auslieferung in Österreich:
Pressegroßvertrieb Salzburg, Niederalm 300, A-5081 Anif
Printed in Germany 1985
Druck und Bindung: Elsnerdruck GmbH, Berlin
ISBN 3-8118-4346-X

Inhalt

Vorwort

Strategisch gesehen beendete die Schlacht um Midway Anfang Juni 1942 die japanische Expansion und markierte zugleich – was erst später erkennbar wurde – den Wendepunkt im Pazifikkrieg. Mit unterlegenen Kräften war es US-Admiral Nimitz gelungen, den japanischen Admiral Yamamoto auszumanövrieren und den Kern der japanischen Flotte zu vernichten. In diesem zweitägigen Treffen verloren die Amerikaner einen Träger, einen Zerstörer, 150 Flugzeuge und 300 Soldaten, die Japaner aber vier Träger, einen Schweren Kreuzer, 253 Flugzeuge und 3500 Mann. Das Kräfteverhältnis verschob sich nun zugunsten der Amerikaner. Hierzu einige Vergleichsdaten: Japan konnte nur zwei Trägerneubauten („Taiho", „Unryu") auf Stapel legen, Amerika aber sechs der „Essex"-Klasse; neun japanischen Umrüstungen zu Trägern standen bei den Amerikanern 19 gegenüber. Die Verluste an Trägerpiloten waren in Japan wegen fehlender Fluglehrer, Schulmaschinen und Nachwuchskräfte überhaupt nicht mehr auszugleichen, wogegen in den USA 1942 an die 6000, 1943 etwa 9000 Marineflieger ausgebildet wurden, so daß praktisch jeder Träger beim fliegenden Personal über die doppelte Sollstärke verfügte.

Trotz des Midway-Debakels wollte Japan aber nicht zum ozeanischen Stellungskrieg übergehen, denn noch war die Flotte durchaus schlagkräftig genug, um die vom Kaiserlichen Hauptquartier erlassenen neuen Eroberungszüge durchzuführen. Sowohl das „Genro" (Kabinett) unter General Hideki Tojo als auch der „Geheime Staatsrat" (höchstes Gremium der Beratung des Kaisers, der real wenig Macht besaß), dem Baron Yoshimichi Hara vorstand, billigten die Annexionswünsche: Alëuten, Salomonen, Neukaledonien, Port Moresby und andere Plätze. Doch die Erfüllung ließ auf sich warten. Denn nun wurden die Amerikaner offensiv.

Mit der Aufteilung des pazifischen Operationsgebietes in die zwei Kommandobereiche Zentralpazifik (Nimitz) und Südwestpazifik (MacArthur) setzten die Joint Chiefs of Staff (Vereinigte Stabschefs) ihre zweigleisige Strategie an, die der Technik eines links und rechts schlagenden Boxers glich.

Während nun Admiral Nimitz im Marsch durch die Welt der Atolle – beginnend Anfang Juli 1942 in Guadalcanal (Salomonen) – in Richtung Ellis-, Salomonen-, Gilbert-, Marshall- und Marianeninseln auf Japan zielte, nahm General MacArthur mit den Heeresverbänden seinen Weg über Neugeorgien, Neuguinea und die Molukken zu den Philippinen, die er 1941 verlassen mußte.

Für die Durchführung der weiträumigen Operationen waren die Flugzeugträger unerläßlich und wurden deshalb abwechselnd in beiden Kommandobereichen eingesetzt. Ein wiederkehrendes Problem war, welcher Vormarschroute jeweils der Vorzug gegeben werden sollte, wobei die strategischen Belange von der latent vorhandenen Rivalität zwischen Heer und Marine nicht unbeeinflußt bleiben konnten. Die Fronten versteiften sich derart, daß sogar eine Planungskonferenz und der US-Präsident als Schlichter bemüht werden mußten.

Neben dem Konzept des „Bock"- und „Inselspringens", das den Gegner täuschte und die Offensivschläge an unerwarteten Stellen ansetzte, garantierten die waffentechnischen und rüstungsmäßigen Neuerungen in steigendem Maße die materielle Überlegenheit der Amerikaner. Die Japaner begegneten ihr mit erhöhtem Einsatz an Menschenopfern, wofür die „Kamikaze"-Flieger beispielgebend waren. Hier kam den Japanern sowohl der übertriebene, westlicher Mentalität unverständliche Kaiserkult (war er nicht auch ein Mensch aus Fleisch und Blut?) als auch ihr Männlichkeits-Kodex entgegen, der wiederum vom traditionell heftigen patriotischen Verlangen nach dem Tod in der Schlacht und dem besonderen orientalischen Fatalismus getrieben wurde. Aus dieser Grundhaltung heraus resultieren auch die auffallend geringen Gefangenenzahlen der Japaner. Es gilt auch als sicher, daß der in den sogenannten Banzai-Angriffen demonstrierte Massenselbstmord den Fall vieler Inselbastionen erst ermöglichte. Historisch gesehen waren die Japaner zu Beginn des Zweiten Weltkrieges noch eine feudale, in ihrer spät-mittelalterlichen Tradition verankerte und plötzlich in die Neuzeit katapultierte Nation, die sich erst mühsam orientieren mußte. Rein optisch wirkte das Verhalten der Japaner als eine Art nationaler Sadomasochismus, der an eine wollüstige Verzweiflung in der Niederlage stößt, die zu erleben aufregend ist.

Jedenfalls wogen die Menschenopfer nichts im Vergleich mit dem enormen und stetig steigenden Rüstungspotential der Amerikaner; vielmehr stellten Kamikaze, OKA-Bomben, Einmann-Torpedos und andere Opfermethoden nicht mehr als Notlösungen und unzulängliche Behelfe dar, denn schließlich wirkte eben hier, wie andernorts, auch das „Gesetz der Großen Zahl".

Die Doppelstrategie der Amerikaner, ergänzt durch Waffenüberlegenheit, gepaart mit flexibler Führungskunst und unterstützt durch gekonnte Täuschungstechniken, stapelte schließlich die Erfolgsmeldungen, obwohl unter den vielen auch „bittere Siege“ rangierten.

Ein klassisches Beispiel perfekter Täuschung lieferte MacArthur in Neuguinea, als er im „Rösselsprung“-Verfahren an dem stark befestigten Wewak vorbeizog und unerwartet in dem als besonders sicher geltenden Hollandia zuschlug, wohin aus Sicherheitsgründen Inadas Fliegerdivision verlagert und nun fast völlig aufgerieben wurde.

Ein besonderes Problem für die Joint Chiefs stellten die beiden feindlichen Seefestungen Rabaul (Neubritannien) und Truk (Karolinen) dar, deren Erstürmung erwartungsgemäß hohe Opfer fordern mußte. Besonders Truk beherrschte wie eine Spinne im Netz die Karolinen, Marianen, Marshalls, Gilberts und Philippinen. Doch es gelang, durch Wegnahme der Nachbarpositionen beide Bastionen völlig zu isolieren, Flotten- und Luftstreitkräfte zum Abzug zu zwingen und die „lahmgelegten“ Inselgarnisonen durch Bomberangriffe zu zermürben und zu dezimieren.

Inzwischen eroberte Nimitz mit Generalrichtung Japan neue „Trittsteine“ in den Gilbert-, Marianen- und Bonin-Inseln. Gewiß, mit jedem gestürmten Eiland verloren die Japaner Menschen, Kampfkraft, stürzten Teile des Imperiums ein, doch mit dem Angriff der Amerikaner auf die Philippinen im Oktober 1944 ging es an die Wurzel der nationalen Existenz. Toyoda drückte das so aus: „Der Krieg nähert sich den Linien, die für unsere Verteidigung lebenswichtig sind ...“ Das Verhängnis war aber auch nicht mehr durch die „Sho-Go“-Order, Masseneinsätze der Kamikaze und den Opferwillen der Restflotte zu bannen, die aus der größten Seeschlacht der Geschichte nurmehr als Torso hervorging.

Nach dem Fall von Manila (Februar 1945) übernahm nun der Kaiser selbst die Regierungsgeschäfte und suchte gegen den Widerstand der „Durchhaltefanatiker“ Friedensverhandlungen zu erreichen.

Obwohl die Japaner allerorts tapfer fochten, wuchs die Abwehrhärte sichtlich, je näher die Kampfstätten an das Mutterland heranrückten. So setzte der Schlachtverlauf auf Okinawa – quasi vor Japans „Haustür“ – in seiner Gnadenlosigkeit ein neues Fanal, einen herausragenden Meilenstein hinter die blutigen Stationen Tarawa, Saipan und Iwo Jima und eröffnete schreckliche Visionen für eine Invasion in Japan selbst. Man rechnete mit einem „Kamikaze-Kampfgeist“ der ganzen Nation. Doch die für November 1945 in Kyushu („Olympic“) und Anfang 1946 bei Tokio („Coronet“) vorgesehenen Invasionen unterblieben, nachdem Anfang August 1945 Atombomben auf Hiroshima und Nagasaki fielen und Japan kapitulierte.

Die Abwicklung der Kapitulationsformalitäten am 2. September 1945 auf der „Missouri“ beendete faktisch und symbolisch den über 3000 Meilen langen Weg durch den Pazifik.

Die Ursachen und Hintergründe des Pazifikkrieges sowie die Schlachtenfolge bis Ende 1942 hat Paul Kennedy in seinem Buch „Der Kampf im Pazifik“ (Moewig-Dokumentation Band 4311) bereits aufgezeigt. Im vorliegenden Band wird über das „Inselspringen“, die Folgekämpfe ab 1943 bis zur Kapitulation 1945, berichtet: ein Dokument menschlicher Leistungs- und Leidensfähigkeit.

Strategien

Japanische Trägermaschinen stürzten sich am 7. Dezember 1941 auf Pearl Harbor, um die US-Pazifikflotte zu vernichten. Das gelang aber nur unvollständig, denn die Flugzeugträger waren gerade auf See.

Der Hawaii-Raid löste auch die „Südoperation" zur Eroberung von Rohstoffgebieten und strategischen Positionen in Südostasien und im Pazifik aus. Sintflutartig fegten nun japanische Marine- und Infanteriekommandos über die Meere und überrannten Malaya, Hongkong, Wake, Philippinen, Borneo, Celebes, Burma, Palau, Neuguinea, Naures, Bismarck-Archipel, Gilbert-Inseln und andere Plätze.

Den Eroberungszug hatte das Kaiserliche Hauptquartier in Tokio ausgearbeitet: Feldmarschall Gen Sugiyama (Generalstabschef), General Chichi Terauchi (Heereschef), Großadmiral Osima Nagano (Stabschef der Seekriegsleitung) und Admiral Isoroku Yamamoto (Flottenchef). Auch das „Genro" (Kabinett) unter Vorsitz des Ministerpräsidenten General Hideki Tojo stimmte zu.

Künftig sollte das Imperium durch drei Zonen konsolidiert werden. „Innerer Ring": Japan, Korea, Mandschurei, Formosa, China; „Äußerer Ring": Philippinen, Indochina, Malaya, Niederländisch Indien; „Verteidigungsring": Burma, Neuguinea, Bismarck-Archipel, Karolinen-, Marianen-, Marshall-Inseln.

Im April 1942 gab das Oberkommando den „Erweiterten Plan" mit neuen Eroberungswünschen heraus: Port Moresby (Neuguinea), Tulagi (Salomonen), Midway sowie die Alëuten-Inseln Addak, Attu und Kiska; Fernziele waren Neukaledonien, Fidschi und Samoa.

Im Mai 1942 ließ Admiral Noatake Inouye auf Tulagi ein kleines Rollfeld für Seeflugzeuge anlegen, dem dann auf der größeren Salomonen-Insel Guadalcanal eine potentere Basis folgen sollte. Im Juni ging dort Infanterie an Land, U-Boote standen zur Sicherung auf und ab, während Koreaner den Dschungel rodeten. Die nächsten Stützpunkte (Buka auf Bougainville und Rabaul in Neubritannien) lagen zwar 400 und 450 Seemeilen entfernt, doch das japanische Oberkommando verließ sich auf die eigene See- und Luftherrschaft. Auch rechnete niemand mit einem Konterschlag der Amerikaner.

Doch schon in der See-Luftschlacht am 4./5. Juni 1942 erlitt Japan die größte Niederlage seit 1592; damals hatten Koreaner mit ihren eisenbewehrten Schiffen, die Yi Sunsin führte, die japanische Flotte des Admirals Hideyoshi von der Chinhai-Bucht vertrieben.

Midway wurde zum Wendepunkt des Pazifikkrieges. Das Kräfteverhältnis verschob sich zugunsten der USA. Die Japaner vertuschten ihr Midway-Desaster (vier Träger eingebüßt) und wiesen Admiralstabschef Nagano an, für die Verbindungskonferenz einen optimistischen Report zu verfassen. Das Kabinett unter General Tojo wiederum spielte die Besetzung der Aleuteninseln Attu und Kiska absichtlich hoch. Das Volk mußte diese „Lage-Kosmetik" glauben.

Doch es gab auch Skeptiker, die schon im Sommer 1942 den Krieg für verloren hielten. Zu ihnen gehörte der Außenminister Shigenori Togo. Sein monatelanger Hader mit Tojo beschwor eine Regierungskrise herauf, die Kaiser Hirohito mit Togos Entlassung beendete. Nun konnte die Militärclique um den „Durchhaltefanatiker" Tojo weiter ihren Plan der Reichsgründungsidee „Hakko Ichu" („Asien den Asiaten"), natürlich unter japanischer Vorherrschaft, verfolgen. Doch die Unterjochungsversuche trafen auf harten Widerstand nationaler Gruppen.

Der Mißerfolg bei Midway hinderte das Kaiserliche Hauptquartier nicht, an Offensivplänen für 1943 zu arbeiten. Nur: Jetzt ging die Initiative von den Amerikanern aus.

Die Combined Chiefs of Staff (Vereinigte alliierte Stabschefs), bestehend aus den US- und British Joint Chiefs of Staff, bestimmten die Operationen auf allen Kriegsschauplätzen. Sie traten nur sporadisch in Aktion, um grundlegende Fragen zu klären.

Für die Operationen im Pazifik waren die US-Joint Chiefs of Staff (Vereinigte US-Stabschefs) in Washington zuständig: General George C. Marshall (Oberbefehlshaber des Heeres und Generalstabschef), Admiral Ernest J. King (Oberbefehlshaber der Kriegsmarine und Chef der Seekriegsleitung), General Henry H. Arnold (Oberbefehlshaber der Heeresluftwaffe); ab 1943 auch Admiral William D. Leahy (Chef des Stabes des US-Präsidenten).

Um das Kompetenzgerangel zwischen Flotte und Heer zu beenden, wurden ab 1. August 1942 zwei getrennte Kommandobereiche geschaffen. Admiral Chester W. Nimitz übernahm den Zentralpazifik mit dem Hauptquartier in Hawaii. Der „Cincpac" (Commander in Chief Pacific) verfügte über Flotteneinheiten, Marinefüsiliere („Marines") und Marineluftstreitkräfte; für Landeoperationen wurden ihm Bau-Bataillone, Artillerie- und Infanterieregimenter zugeteilt.

Der Südwestpazifik unterstand General Douglas MacArthur mit

Sitz in Sidney. Außer elf amerikanisch-australischen Heeresdivisionen und einem Niederländer-Kontingent – in der 6. Armee (General Walter Krueger) zusammengefaßt – besaß er nur wenige Heeresflieger. Die 7. Flotte (Admiral Thomas C. Kinkaid) wurde ihm zugeteilt.

Die Trennungslinie der Kommandobereiche lag beim 159. Grad Ostlänge, folgte dem Äquator bis 130 Grad und schnitt den Salomonen-Archipel, so daß die ersten Angriffsziele, Tulagi und Guadalcanal, in Nimitz' Sektor fielen. MacArthurs Vorschlag eines direkten Stoßes zur japanischen Seefestung Rabaul (Neubritannien) war abgelehnt worden.

Am 2. Juli 1942 erließen die Joint Chiefs diese Weisung:

1. Operationsziel: Eroberung des Gebietes Neubritannien (früher Neupommern) – Neuirland (früher Neumecklenburg) – Neuguinea.

2. Durchzuführende Operationen:

a) Besetzung der Santa-Cruz-Inseln, Tulagi und Umgegend; durchzuführen durch Cincpac (Nimitz), Beginn 1. August 1942;

b) Eroberung und Besetzung der übrigen Salomonen und von Ost-Neuguinea; durchzuführen durch MacArthur;

c) Eroberung des Bismarck-Archipels; ebenfalls MacArthur.

Die zweigleisige US-Strategie glich der Technik eines Boxers, der abwechselnd rechts und links schlägt. Mit der Methode des „Bock"- beziehungsweise „Inselspringens" wurde künftig nicht die nächste, vom Gegner erwartete, sondern eine x-beliebige Insel angegriffen.

Am 1. August 1942 wurde Nimitz befohlen, Guadalcanal zu erobern. Sechs Tage später schlug er los. Daraus wurde dann ein fast halbjähriger blutiger Murks. Der japanische Dschungelkämpfer bestätigte seinen gefürchteten Ruf und ließ die Härte kommender Inselschlachten ahnen. Sie wurden denn auch die schlimmsten des Zweiten Weltkrieges.

Während Nimitz um Guadalcanal rang, griff MacArthur in Neuguinea an. Die Japaner hatten dort zwar die strategische Position in Port Moresby nicht erreicht, doch die Kampfstätten am Kokoda-Trail, bei Buna, Gona und Sanananda, wurden bis Anfang 1943 zu blutigen Meilensteinen im Südwestpazifik.

Am 23. Januar 1943 befahlen die Joint Chiefs of Staff:

1. Fortführung der Operationen auf Guadalcanal und Neuguinea bis zur Einnahme von Rabaul und Aufbrechen des Bismarck-Riegels.

2. Vorgehen in Richtung auf Truk (Karolinen) und Guam (Marianen).

3. Sicherung der Aleuten.

4. Vorgehen über Neuguinea bis Timor als Vorbereitung für den Angriff auf die Philippinen.

5. Eroberung von Burma.

Absicht: Ausschaltung der Riegelstellung im Bismarck-Archipel (Zentrum Rabaul), auf den Salomonen und Neuguinea (Hüongolf bis Wewak). Das war MacArthurs Aufgabe. Sein Taktischer Oberbefehlshaber wurde Admiral William F. Halsey.

Generell erfolgten die Landungen am Morgen. Erfahrungen und Erkenntnisse schlugen sich in Waffen- und Geräteverbesserungen nieder. So wurden zum Beispiel neue Landungsfahrzeuge entwickelt: LST und LCT (Panzer-Landungsschiff); LCI (Infanterie-Landungsfahrzeug) und viele andere, die über Bugrampen entladen wurden. Auch amphibische Fahrzeuge kamen verstärkt zum Einsatz: „Dukw", ein vom Heer entwickelter schwimmfähiger Lastwagen mit Raketenwaffe, und „Amtrak", das von der Marine gebaute schwimmfähige Gleitkettenfahrzeug (20 Mann Fassungsvermögen). Schwimmpanzer, BAR- und „Bangalore"-Waffen zur Höhlen- und Bunkerbekämpfung, Spezialmunition und Ausbau des UDT (Unterwassersprengtrupp) sind willkürlich herausgegriffene Beispiele moderner Techniken; nicht zuletzt kam dem Radar sogar schlachtentscheidende Bedeutung zu. Letztendlich aber garantierte das gewaltige Rüstungspotential der USA, die nun auch in Europa engagiert waren, den Sieg im Pazifik.

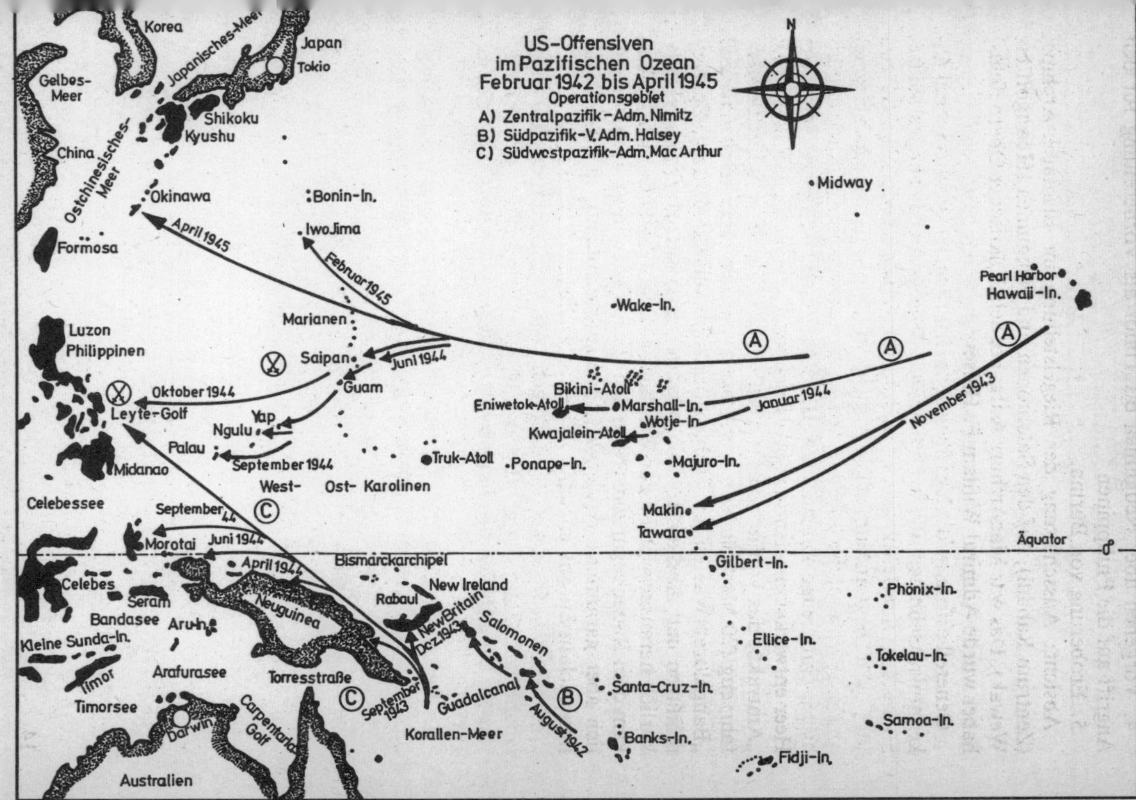
US-Offensiven
im Pazifischen Ozean
Februar 1942 bis April 1945
Operationsgebiet
A) Zentralpazifik - Adm. Nimitz
B) Südpazifik - V. Adm. Halsey
C) Südwestpazifik - Adm. Mac Arthur
N
Korea
Japanisches Meer
Japan
Tokio
Gelbes-Meer
Shikoku
Kyushu
China
Ostchinesisches Meer
Okinawa
Bonin-In.
Iwo Jima
Formosa
April 1945
Februar 1945
Midway
Pearl Harbor
Hawaii-In.
Wake-In.
Marianen
Luzon
Philippinen
Saipan
Juni 1944
Guam
Oktober 1944
Leyte-Golf
Yap
Ngulu
Palau
September 1944
Midanao
West-
Ost- Karolinen
Truk-Atoll
Ponape-In.
Bikini-Atoll
Eniwetok-Atoll
Marshall-In.
Januar 1944
Wotje-In.
Kwajalein-Atoll
Majuro-In.
November 1943
Makin
Tawara
Äquator
Celebessee
September 44
Morotai
Juni 1944
April 1944
Bismarckarchipel
New Ireland
Rabaul
New Britain
Dez. 1943
Salomonen
Gilbert-In.
Phönix-In.
Celebes
Seram
Bandasee
Aru-In.
Neuguinea
Ellice-In.
Tokelau-In.
Kleine Sunda-In.
Timor
Arafurasee
Torresstraße
September 1943
Guadalcanal
August 1942
Santa-Cruz-In.
Samoa-In.
Timorsee
Darwin
Carpentaria Golf
Korallen-Meer
Banks-In.
Fidji-In.
Australien

Yamamoto

Anfang April 1943 fing der US-Abhördienst einen Funkspruch des Schlachtschiffes „Yamato" ab. Darin wurde mitgeteilt, daß der Marine-Oberbefehlshaber, Großadmiral Isoroku Yamamoto, mit seinem Stab einen Inspektionsflug im Südpazifik plante. Von Rabaul aus wollte er den Stützpunkt im Raum Buin (Bougainville) besuchen.

Die Nachricht ging an Marinesekretär Frank Knox, Admiral Nimitz und Fliegergeneral Arnold. Man beschloß, den großen Gegenspieler abschießen zu lassen. Auch Roosevelt war einverstanden.

Das Unternehmen war schwierig. Vom Flugplatz Henderson Field (Guadalcanal) starteten 16 P-38 Maschinen der 339. Fighter Squadron (Major Mitchell), brausten im Tiefflug 500 Kilometer weit über das Meer und an Neugeorgien vorbei, wo japanische Jäger kontrollierten. Im Ziel zogen die US-Flugzeuge hoch und stürzten sich auf die zwei Sally-Bomber, als die Zero-Eskorte abgeflogen war. Hauptmann Thomas G. Lanphier schoß einen Bomber ab, Leutnant T. Barber den anderen. Die Maschinen stürzten in den Dschungel und verbrannten. Es war 9.46 Uhr am 18. April 1943. Yamamoto war tot, sein Stabschef schwer verletzt. Bis auf eine kamen alle US-Maschinen zurück. Der Raid wurde bis Kriegsende geheimgehalten, weil Lanphiers Bruder in japanischer Gefangenschaft war und man Repressalien befürchtete; zum anderen sollten die Japaner nicht wissen, daß ihr Code bekannt war.

In Japan herrschte über Yamamotos Tod große Trauer. Sein Nachfolger wurde Admiral Mineichi Koga. Er trat ein schweres Erbe an.

Alëuten

Die Alëuten, eine Gruppe von 150 Inseln, erstreckt sich auf 1000 Meilen Länge quer über den Nordpazifik von Alaska bis Kamtschatka in Sowjet-Sibirien. Der Archipel wurde 1741 von Bering entdeckt, gehörte zu Rußland und wurde 1867 zusammen mit Alaska an die USA verkauft. Das Wetter ist in diesem Gebiet unberechenbar, weil der warme, aus Japan kommende Kuro-Shiwo-Strom hier mit dem kalten Wasser des Polarmeeres und den eisigen Luftmassen von der Polkappe zusammentrifft. Die Folge ist eine schnell wechselnde Wetterlage: tiefhängende Wolken, wochenlanger Nebel, scharf begrenzte Zonen guter Sicht, plötzlich heftige Stürme, dann wieder Sonnenschein. Auf den unwirtlichen Inseln mit dem Hauptort Dutch Harbor im Ostteil des Archipels lebten etwa 1200 Einwohner vom Wal- und Pelztierfang, bis die Inselkette strategischen Wert bekam.

Erstmals in der Washingtoner Marinekonferenz 1922, dann 1930, erhoben die USA die Forderung, auf den Alëuten keine Marinestützpunkte zu errichten. Doch das änderte sich mit der Kriegsdrohung. In Dutch Harbor stationierten die Amerikaner 5000 Mann und bauten einen Flugplatz. Drüben in Alaska entstanden Luftbasen in Fairbanks und Anchorage, Pläne für eine Stützpunktkette entlang den Alëuten nach Westen wurden systematisch realisiert. So entstanden zusätzlich Fliegerhorste in Cold Bay und auf Umnak.

Auch die Japaner erkannten natürlich die militärische Bedeutung der Inselkette zwischen dem Stillen Ozean und dem Bering-Meer; Stützpunkte auf den Alëuten versprachen gleichermaßen eine Sicherung der Kurilen, Kontrolle der US-Schiffahrt, Bedrohung von Alaska und der amerikanischen Westküste wie auch den Aufbau eines „Äußeren Verteidigungsringes": Kiska – Midway – Wake – Marshalls – Gilberts – Guadalcanal – Moresby.

Der Befehl des Kaiserlichen Hauptquartiers Nr. 18 vom 5. Mai 1942 lautete dementsprechend: „Die Befehlshaber der kombinierten Flottenstreitkräfte werden in Kooperation mit der Armee strategische Punkte in den Alëuten und auf Midway erobern."

Die auseinanderlaufenden Einzelphasen der Midway-Operation erforderten 16 verschiedene Gruppen von Schiffen, deren Einsatz wiederum zentral koordiniert werden mußte; ein äußerst kompliziertes Verfahren.

Kernstück des Plans bildete der Tag „N“ (Landung auf Midway). „N-3“ sollte den Schlag gegen die Alëuten auslösen, „N-2“ hatte Admiral Nagumos Kampfgruppe mit sechs Trägern aus Nordwesten gegen Midway vorzustoßen und die Inseln sturmreif zu bomben. Für „N“ selbst war vorgesehen: Angriff der Landungsverbände, unterstützt von der 2. Flotte (Kondo). Inzwischen sollte die Hauptflotte (Yamamoto), rund 300 Seemeilen zurück, zwischen die beiden Verbände aufschließen und die US-Flotte vernichten, sobald sie Midway zu Hilfe kam. Von der Alëuten-Gruppe wiederum würden einige Schiffe nahe genug warten, um rechtzeitig in die Midway-Schlacht eingreifen zu können.

Der „Alëuten-Verband“ (Vizeadmiral Boshiro Hosogaya) gliederte sich so: zwei Leichte Träger („Ryuho“ mit 16 Jägern, 21 Torpedo-Flugzeugen; „Yunyo“ mit 22 Jägern, 21 Bombern, zehn Torpedo-Flugzeugen), ein Seeflugzeugträger (60 Seeflugzeuge), drei Schwere Kreuzer, zwei Leichte Kreuzer, elf Zerstörer, sechs U-Boote, Minensucher und U-Bootjäger, sieben Transporter; 17 Öldampfer marschierten in mehreren Gruppen mit den Verbänden oder standen an Treffpunkten.

Das Gesamtunternehmen stand unter dem Oberbefehl von Admiral Isoroku Yamamoto, der vom Schlachtschiffgiganten „Yamato“ aus führte. Der Plan erhielt nun den Codenamen „MI“, die Alëuten-Aktion „AO“, die Midway-Operation „AF“.

Das Marineministerium in Washington verfügte bereits über eine Studie der AF- und AO-Operationen, datiert vom 29. Mai 1942. Der Auslauftermin des Alëuten-Verbandes war in der Seekarte mit dem 16. Mai, 8.00 Uhr, schwarz eingetragen; die Invasionsflotte für Midway trug in roter Schrift das Datum des 28. Mai, und die grüne Linie des Trägerkurses war mit dem 27. Mai angegeben. Auch im Hauptquartier der Pazifik-Flotte in Pearl Harbor gab es eine ähnliche Karte, nur bog hier der Trägerverband mit 135 Grad Peilung nach Midway ab.

Nach Pearl Harbor hatten die Japaner ihren Funkschlüssel geändert. Fregattenkapitän Joseph J. Rochefort jr. gelang es jedoch, den neuen Code JN-25 zu analysieren und das System der japanischen Flaggoffiziere aufzulösen. Mit den Männern von der Combat Intelligence Unit überwachte er ständig den Feindfunk und lieferte den Stäben wichtige Informationen. So waren im April 1942 auch die Feindaktionen gegen Tulagi (Salomonen) und Port Moresby (Neuguinea) bekannt, so daß Admiral Fletcher mit einem Kampfverband in die Korallensee auslaufen konnte.

Soweit die komplizierte Vorgeschichte des Alëuten-Zuges und nun seine Durchführung:

Der Alëuten-Plan sah drei Landungen vor: Auf Addak, um den Hafen zu gewinnen; gegen Attu, das als Folgeoperation von Infanteriekräften durchgeführt werden sollte; schließlich die Wegnahme von Kiska – dort lag eine zehn Mann starke US-Wetterstation – durch Marine-Infanterie. Hosogayas „Bewegliche Kampfgruppe" war stark genug, um den Plan auszuführen, und für alle Fälle stand ja noch die „Alëuten-Unterstützungsgruppe" (vier Schlachtschiffe, zwei Leichte Kreuzer) einige hundert Meilen weiter südlich parat.

Anfang Juni wußten die Amerikaner nur, daß ein Raid im Nordpazifik bevorstand; es konnte sich um die Alëuten oder Alaska handeln. Deshalb patrouillierte in diesen Gewässern vorsorglich eine Kampfgruppe (Admiral Theobald): ein Schwerer, zwei Leichte Kreuzer, elf Zerstörer, 20 Kanonenboote, sechs U-Boote, 20 Flugboote. Ende Mai schickte Nimitz von Pearl Harbor noch einen Schweren, einen Leichten Kreuzer und zwei Zerstörer als Verstärkung, obwohl die Midway-Schlacht kurz bevorstand. Die Marine besaß keine Flugzeuge dort oben, also mußte die Armee mit 100 Jägern und 50 Bombern von Alaska her einspringen. Das paßte Admiral Theobald nicht; er setzte schließlich durch, daß Maschinen nach Cold Bay und Umnak verlegt wurden.

Hosogaya erreichte mit seiner Kampfgruppe planmäßig die vorgegebene Startposition für seine Trägermaschinen im Punkt 170 Seemeilen südlich von Dutch Harbor. Schlechtwetter hatte seinen Marsch begünstigt.

3. Juni 1942, früh. Einen Tag vor dem Angriff auf Midway hob der japanische Kampfverband ab. Aber wegen des Nebels erreichten nur 13 Bomber und sechs Jäger das Ziel Dutch Harbor. Dort schien die Sonne. Tiefangriffe und Bomben zertrümmerten Funkstationen, Kasernen und Depots. Die Flak holte zwei Japaner vom Himmel.

Die zweite Welle nahm sich fünf US-Zerstörer vor. Plötzlich kam Nebel auf und verdeckte die Schiffe. Tags darauf fiel wegen des Unwetters die Landung auf Addak aus, und so ließ der Admiral nochmals Dutch Harbor angreifen. Alle Flugzeuge (15 Jäger, elf Stukas, sechs Bomber) kurvten über der Stadt, beschädigten Flugplatzanlagen und schossen vier Öltanks in Brand. Über Umnak holten US-Jäger vier Feindbomber aus dem Verband, während B-17 („Fliegende Festungen") den japanischen Trägerverband attackierten, nichts trafen, aber selbst zwei Maschinen einbüßten.

Admiral Theobald wollte keine Kreuzer riskieren und hielt sich daher außerhalb der Trägermaschinen-Reichweite.

Am Abend des 4. Juni erhielt Hosogaya mehrere Funkbefehle und sollte unter Verzicht auf die Landungen sofort die Leichten Träger nach Midway senden. Dann kam die Gegenorder: Nur Attu und Kiska nehmen, Addak aussparen. Also besetzte er (ohne Gegenwehr) zwischen dem 7. und 12. Juni die beiden Inseln, wobei nur das Wetter Ärger verursachte.

Nimitz wollte ursprünglich die Träger „Hornet“, „Saratoga“ und „Enterprise“ zu den Alëuten detachieren, unterließ es dann aber. Die Japaner dagegen brachten ihre Träger „Zuikaku“ und „Zuiho“, zwei Schlachtschiffe und vier Schwere Kreuzer dorthin und hofften, hier eine Entscheidung auf See erzwingen zu können, nachdem bei Midway nicht alles nach Wunsch lief.

Als die Japaner auf Attu und Kiska landeten, gab es in Kalifornien, Alaska, Oregon und Washington Alarm. Die Feinde vor Amerikas Haustür – ein unhaltbarer Zustand! Doch sie sofort angreifen, das ging nicht, denn Admiral Nimitz hatte jetzt bei Midway und MacArthur auf Neuguinea genug zu tun. Übrigens erwies sich die Besorgnis, die Japaner könnten via Alaska in die Staaten vorrücken, als unbegründet, denn in den Gebirgsregionen und vereisten Schluchten wäre jede Armee ohnehin steckengeblieben.

Im Oktober 1942 räumten die Japaner Attu, verstärkten dafür jedoch Kiska, und im Frühjahr 1943 rückte dann Oberst Yasuyo Yamasaki mit 2500 Mann wieder in Attu ein und ließ es befestigen. Auf Kiska lagen inzwischen an die 5000 Soldaten des Kaisers. Alle Versuche, Flugplätze einzurichten, scheiterten. Der Nachschub haperte. US-Bomber zielten mit Radar durch den Nebel auf die Geleitschiffe. Viele, mit Truppen und Material beladen, gingen verloren. Amerikanische U-Boote lauerten auf den Fahrtrouten den Konvois auf und setzten Torpedofächer an. In dem eisigen Wasser gab es kaum Überlebende. Auch trieben die Amerikaner heimlich ihre Luftbasen weiter nach Westen vor und stationierten Anfang 1943 Jäger und Bomber auf Amtchitka, nahe Kiska, auf dessen Hafen in kurzer Zeit 156 Tonnen an Bomben fielen.

Nun ergriffen die Amerikaner im Nordpazifik endgültig die Initiative. In Dutch Harbor verstärkten sie die Garnison und brachten für den Angriff auf Attu und Kiska zusätzlich Truppen und Material heran. Unter dem Oberbefehl von Admiral Thomas C. Kinkaid sammelte Anfang Mai ein Flottenverband: alte Schlachtschiffe (Beschießungsgruppe), Kreuzer, Zerstörer, U-Boote, Minenräumer und Transporter. Für die Landung standen starke Infanteriekräfte bereit.

Es hatte fast ein Jahr gedauert, ehe die Amerikaner im Norden angriffen und ihre Doppelstrategie fortsetzten. Während MacArthurs Schläge auf Neuguinea eben den Südpfeiler des japanischen Imperiums zertrümmerten, rammte nun Kinkaid die nördlichste Säule. Der Stoß traf am 11. Mai 1943.

Doch vorerst kam es zu einer Seeschlacht „alter Art“.

Als am 18. Februar 1943 ein US-Kreuzer Attus Häfen beschoß und ein Transportschiff versenkte, stellten die Japaner vorsorglich Geleitzüge zusammen, geschützt von Kreuzern und Zerstörern. Der erste schlüpfte durch die Aufklärerkette nach Attu hinauf, doch der zweite wurde am 27. März 1943 geortet und von amerikanischen Seestreitkräften gestellt. Bei den Kommandorski-Inseln kam es dann zur einzigen Tagschlacht „alten Stils“ (ausgenommen das Gefecht in der Javasee im Februar 1942) im Pazifik.

Hosogaya führte an: Zwei Schwere Kreuzer („Nachi“ und „Maya“), zwei Leichte Kreuzer („Tama“ und „Abukuma“), fünf Zerstörer und zwei Transporter.

Konteradmiral McMorris bot auf: Einen Schweren Kreuzer („Salt Lake City“), einen Leichten Kreuzer („Richmond“) als Flaggschiff, vier Zerstörer.

Die Japaner waren überlegen, jedoch durch den Geleitzug taktisch gebunden. Beide Kontrahenten fuhren in der traditionellen Kiellinie und schossen gleichzeitig auf 18000 Meter Distanz. Die Salven der „Nachi“ lagen deckend, doch plötzlich fielen aufgrund eines Bedienungsfehlers die elektrischen Leitungen zu den Geschütztürmen aus. Nun erhielt das Schiff etliche Treffer, meist vom Kaliber 12,7 cm der Zerstörer. Auf der Brücke fielen mehrere Seeleute, der Admiral und seine Stabsoffiziere aber blieben unverletzt.

Die Amerikaner entfachten ein Feuerwerk. Die Wassersäulen der Aufschläge funkelten vielfarbig, denn zur Schußkorrektur verwendete jedes Schiff eine eigene Farbe: Blau, Grün, Rot, Gelb.

Da sich die „dünnhäutigen“ Schiffe respektvoll nur auf größere Entfernung bataillierten, blieb die Trefferquote zwangsläufig gering. Erst nach zwei Stunden Hin- und Herschießens hieb eine 20,3-cm-Granate ins Achterschiff der „Salt Lake City“ und deformierte die Ruderwelle. Man kuppelte um, konnte aber trotzdem nur jeweils 10 Grad Steuer- bzw. Backbord legen. Ein Treffer in die Back mit einem Leck unter der Wasserlinie war zufällig von einem Blindgänger verursacht worden. Dennoch fing der US-Kreuzer noch andere Schläge ein, nahm Wasser über, so daß die Kessel kochten: Feuer aus!

McMorris ließ nun seine Zerstörer marschieren, ließ Torpedofächer schießen, um die Kreuzer zu schützen. Mit schäumender Bugwelle brausten die „Destroyer" in den Feind. Die Japaner nahmen sie unter Beschuß, knallten aber vorbei. Auf knapp tausend Meter Distanz drehten die Zerstörer ab, ließen ihre „Aale" laufen. Die Japaner wichen ihnen mit Hartruderlagen geschickt aus. Und brachen urplötzlich und unerwartet das Gefecht ab. Der Grund: Sie hatten in dreieinhalb Stunden die meiste Munition und viel Treibstoff verbraucht. Außerdem mußte bald mit US-Bombern gerechnet werden. Hosogaya ließ sammeln und brachte den Konvoi fort. Doch nach Attu kam er nicht mehr durch. Den taktischen Erfolg verbuchten die Amerikaner.

Kinkaids Plan sah vor, Kiska vorerst auszusparen und Attu, 170 Meilen westlicher, anzugreifen, wodurch der Gegner gezwungen sein würde, beide Inseln abwehrbereit zu halten. Dafür mußte allerdings eine verschärfte Aufklärungstätigkeit der Japaner im gesamten Bereich der West-Alëuten in Kauf genommen werden, die wiederum zur Entdeckung der Flotte und zu Angriffen aus der Luft und von See her führen konnte.

Der Angriff gegen Attu erfolgte am 11. Mai 1943. Seit der letzten Nacht herrschte eine Kaltwetterfront mit klarem Himmel, eisigem Wind und Nebel vor. Die See ging ruhiger, doch gefroren die Wasserkaskaden schnell an Bord. Die Trossen schwollen armstark an. Bald bedeckte ein Eispanzer die Aufbauten, so daß die Seeleute wiederholt die Krusten abschlagen und die Schiffe von den Zentnerlasten befreien mußten. Wie mit Messern schnitt die Luft; sie ließ den Nebel zu weißem, feinstem Filigran erstarren. Der Himmel war fern, nur manchmal, wenn eine Bö die Nebelranken zerriß, flimmerten einzelne Sterne vor einem Stück blaßblauen Hintergrunds.

In der Frühe eröffnete der Feuerschlag die Landung. Die Beschießungsgruppe der alten Schlachtschiffe bolzte ihre dickkalibrigen Granaten in gekrümmter Flugbahn ins Ufergebiet an der Holtz Bay im Norden und der Massacre Bay im Süden der Insel. Ein mächtiger Feuerorkan tobte über Attu, die Abschüsse röhrten über der See, gleißende Mündungsfeuer überschütteten sie und zerrissen sekundenlang die Dunkelheit. Der Himmel dröhnte.

Der furiose Auftakt einer Schlacht erschlug brutal die Stille. Attu war nicht zu sehen, es versank in einem Rauchgebirge. Viele Salven trommelten die Küsten der Holtz und Massacre Bay ab. Eine volle

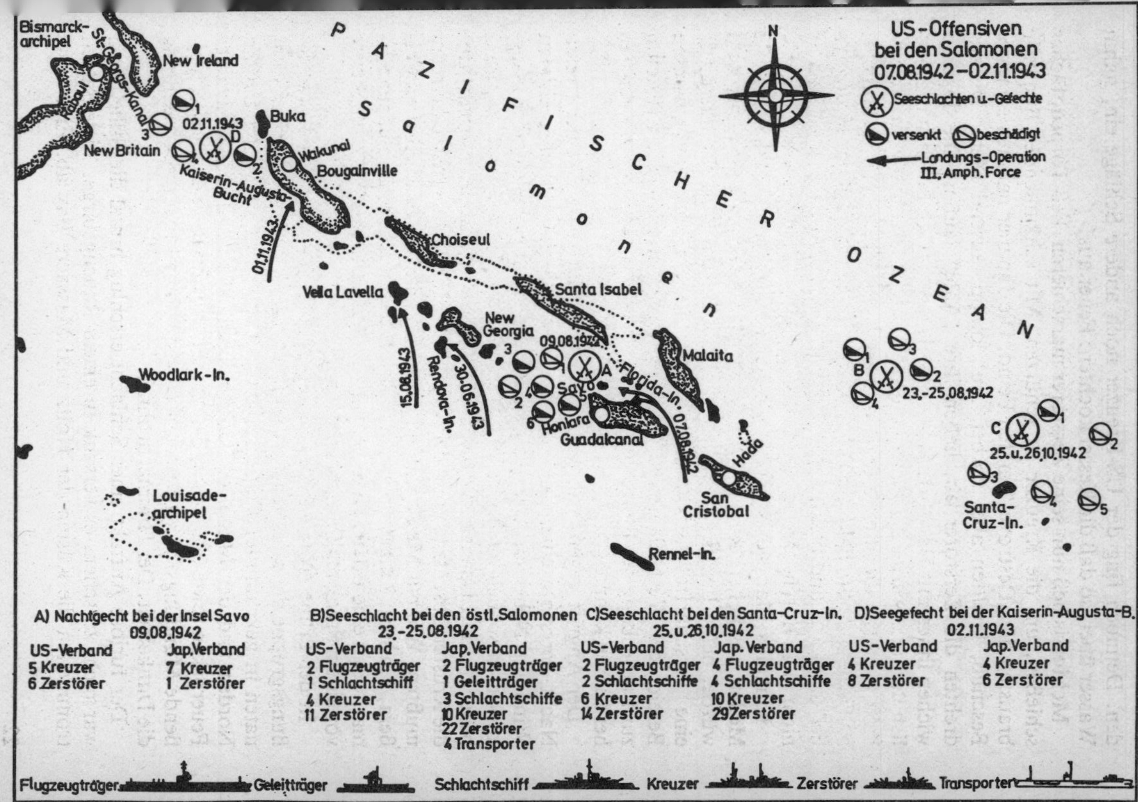
US-Offensiven
bei den Salomonen
07.08.1942–02.11.1943
Seeschlachten u.-Gefechte
versenkt
beschädigt
Landungs-Operation
III. Amph. Force
N
PAZIFISCHER OZEAN
Salomonen
Bismarck-
archipel
St.-Georgs-Kanal
Rabaul
New Ireland
New Britain
02.11.1943
D
Buka
Wakunai
Bougainville
Kaiserin-Augusta-
Bucht
01.11.1943
Choiseul
Vella Lavella
Santa Isabel
New
Georgia
15.08.1943
Rendova-In.
30.06.1943
09.08.1942
A
Savo
Honiara
Guadalcanal
Florida-In.
07.08.1942
Malaita
Hada
San
Cristobal
Rennel-In.
Woodlark-In.
Louisade-
archipel
B
23.-25.08.1942
C
25.u.26.10.1942
Santa-
Cruz-In.
A) Nachtgecht bei der Insel Savo
09.08.1942
US-Verband: 5 Kreuzer, 6 Zerstörer
Jap.Verband: 7 Kreuzer, 1 Zerstörer
B) Seeschlacht bei den östl. Salomonen
23.-25.08.1942
US-Verband: 2 Flugzeugträger, 1 Schlachtschiff, 4 Kreuzer, 11 Zerstörer
Jap. Verband: 2 Flugzeugträger, 1 Geleitträger, 3 Schlachtschiffe, 10 Kreuzer, 22 Zerstörer, 4 Transporter
C) Seeschlacht bei den Santa-Cruz-In.
25.u.26.10.1942
US-Verband: 2 Flugzeugträger, 2 Schlachtschiffe, 6 Kreuzer, 14 Zerstörer
Jap. Verband: 4 Flugzeugträger, 4 Schlachtschiffe, 10 Kreuzer, 29 Zerstörer
D) Seegefecht bei der Kaiserin-Augusta-B.
02.11.1943
US-Verband: 4 Kreuzer, 8 Zerstörer
Jap.Verband: 4 Kreuzer, 6 Zerstörer
Flugzeugträger
Geleitträger
Schlachtschiff
Kreuzer
Zerstörer
Transporter

Stunde rasten die Geschoßserien zur Insel hinüber, zuckten Abschußblitze ... dann fuhren die ersten gegen den Feind: Minenräumer, Unterwassersprengtrupps (UDT), Zerstörer. Die Schablone war bekannt: Fahrrinnen von Minen befreien, Hindernisse beseitigen. Dann enterten die Infanteristen über die außenbords hängenden Taunetze hinunter in die Landungsboote, die um die Transporter kurvten, sich zu Angriffswellen formierten und breit gefächert losfuhren.

Während in der Holtz Bay relativ leicht gelandet werden konnte, gab es in der Massacre Bay hohe Verluste. Trotzdem schafften die GIs (amerikanische Infanteristen) den Sprung ans Ufer und fächerten aus.

Zwischen den beiden Landeköpfen, etwa in der Mitte, zog sich ein bis zu 800 Meter hoher Gebirgsriegel quer durch die Insel und bildete mit festen Stellungen, Höhlen und Bunkern das Kernstück der Verteidigung, deren Zentrale im Befehlsstand bei Chichagof Harbor lag. Hier führte der harte Oberst Yasuyo Yamasaki, dem auf Attu 2500 gutgedrillte Infanteristen unterstanden, den Abwehrkampf und reglementierte jede der Schlachtphasen, die letztlich alle nur in Halte- und Sterbebefehlen gipfelten. Sein Plan sah die systematische Abnutzung des Gegners vor: Störung der Landeoperationen durch massierten Artillerieeinsatz, Hinhalten und Aufsplittern der an Land befindlichen amerikanischen Infanteriekräfte schon in der Uferregion und schließlich die vollständige Vernichtung der Feindverbände am Gebirgsriegel. Deshalb beließ er nur schwache eigene Kräfte – Todgeweihte – in den Küstenbereichen und sammelte das Gros in den Gebirgsstellungen, die in monatelanger, harter Arbeit zu Miniaturfestungen ausgebaut worden waren. Ein wichtiger Faktor in seiner Abwehrplanung fiel jedoch schon am Landetag aus: die Luftwaffe. Auf einer Flugbasis zwischen Chichagof Harbor und der Sarana Bay stationiert, konnten die Maschinen infolge dichten Nebels nicht starten.

Doch dieser Nachteil glich sich dadurch wieder aus, daß auch die Amerikaner auf ihre Luftwaffe verzichten mußten. Überhaupt sollte sich im Lauf der dreiwöchigen mörderischen Schlacht um Attu herausstellen, daß jegliche Luftunterstützung, die stets einen wichtigen Posten im Angriffs- und Abwehrkonzept ausmachte, in diesen Breiten illusorisch war. Die Wetterküche des Nordens verhinderte (meist) nicht nur jede Flugtätigkeit, sondern bürdete dem Infanteristen, der allein auf sich gestellt kämpfen mußte, zusätzliche Belastungen auf.

Wenige Tage nach der Landung, am 11. Mai 1943, hatten die US-Infanteristen im Norden und Süden von Attu ihre Landeköpfe einige hundert Meter in die Bergregion vorgetrieben und konsolidiert: eine mörderische Strecke, bezahlt mit vielen Toten und Verwundeten.

Das Gelände war ein Irrgarten aus Fels mit Steindschungel, Schluchten, Sümpfen, schneebedeckten Hängen und Geröllhalden, Tundra-Vegetation, und es änderte im raschen Wetterwechsel schlagartig Aussehen und Passierbarkeit. Jetzt noch feuchte Talkessel wuchsen im Regenguß schnell zu tosenden Bachbetten an, deren Sturzwasser Geröll, Erde und Schneemassen fortrissen. Und kurz darauf schien wieder die Sonne, ließ die Nässe funkeln und dampfen. Sogar Vögel zwitscherten und tummelten sich im Gras. Dann brausten wieder Schneeschauer entlang, die Tage wurden zur Nacht, und manche Nacht erstrahlte wiederum urplötzlich taghell im seidigen Licht des Mondes und der Sterne.

Und die Japaner? Sie waren überall und nirgends. Das gestaltete den Vormarsch so schwierig, schleppend, verlustreich. Allein, manchmal gruppenstark, lauerte der Feind, hielt bewegungslos und geduldig in Frost und Regen aus – um dann wild zuzuschlagen. Wieselflink, verwegen und darauf aus, einige Feinde mit in den Tod zu reißen, wie es die Gesetze des „Bushido“ und „Senjinkum“ vorschrieben, schossen und stachen die Japaner um sich und kämpften auch noch verwundet weiter. Gefangenschaft kam nicht in Frage, deshalb sprengten sich Schwerverwundete in die Luft.

Gelände, Wetter, Feind: eine granitene Einheit, ein schier unüberwindliches Bündnis, das sich den Amerikanern brutal entgegenstellte. So wurde denn auch der Vormarsch kein Parforce-Unternehmen, sondern ein „Sich-hinein-Sprengen“, das nach Metern meßbare „Voranmurksen“, das hoch bezahlt werden mußte. Dabei war das erst der Anfang. Soviel stand nämlich jetzt schon fest: Yamasaki wartete mit dem Truppenkern im Höhenzug bei Chichagof Harbor. Selbst den Optimisten unter den amerikanischen Troupiers schauderte, wenn sie an den Sturm auf die Höhenfestung dachten.

Ab Mitte Mai bohrten, sprengten, schossen sich die Kompanien und Bataillone der Spitzenverbände langsam, aber stetig von Norden und Süden her an den Höhenzug heran und bezogen Stellung, um Verstärkung und Nachschub abzuwarten. Spähtrupps sondierten den Gebirgsstock, führten gewaltsame Aufklärung durch, während regimentseigene Sprengtrupps, Pionierzüge und Artillerie anrückten.

Ende Mai schließlich hatten die beiden Stoßkeile der Amerikaner den größten Teil der Insel Attu genommen und abgesichert. Hinter der Infanterie lag ein verlustreicher Weg. Die letzte, entscheidende

Schlacht um den Hauptort und das Abwehrzentrum stand kurz vor ihrem Beginn.

Mit einem sogenannten Banzai-(Selbstmord-)Angriff – einem der größten des Pazifikkrieges – wollte Yamasaki noch einmal die Lage meistern. Mit dem Ruf „Tenno haika! Banzai!“ (Hurra für den Kaiser) stürzten sich an die tausend kaiserliche Soldaten ins Feuer der Amerikaner. Der Amoklauf brandete wie eine Sturmflut gegen die Front. Die schreiende Masse meist schlecht bewaffneter, zum Teil verwundeter Krieger wälzte sich dahin, durchbrach mit Menschenleibern das Perimeter, und als die Offiziere gefallen waren, übernahmen Sergeanten und Gefreite die Führung, den Sturmlauf in den Tod. Nahkampf. Mit Bajonett, Kolben und Pistole. Totenhaufen überall. Blut.

Starben die Japaner so leicht und tapfer? Sicher nicht. Auch sie liebten das Leben, wie auf Attu gefundene Abschiedsbriefe beweisen. Da hieß es zum Beispiel: „Ist der Krieg so eine Sache wie diese? Sobald das Feuer nachläßt, beginnen die Vögel zu singen und fliegen über den stillen, gefrorenen Boden.“

„Die Rufe des ‚Banzai‘ würden einen wilden Gott weinen machen. Mit einem Lächeln warte ich im schweren Nebel nur auf den Tag des Todes.“

Nach dem Banzai, der taktisch keine Entscheidung zugunsten der Japaner brachte, sie im Gegenteil durch die hohen Ausfälle schwächte (man zählte elf Überlebende, andere Angaben nennen 28), stabilisierten die Amerikaner ihre Front und rüsteten zum Endschlag gegen Chichagof Harbor und das Abwehrzentrum. Um den Ort selbst, von See her kaum zu nehmen, waren Grabensysteme, Bunker und Barrikaden errichtet worden.

Morgens, am 2. Juni 1943, traten die Amerikaner nach heftigem Feuerschlag zum Angriff an. Der Gegner, zäh wie immer, kämpfte verbissen um jeden Graben, jedes Loch. Die Amerikaner erlitten hohe Verluste, schafften es aber doch, systematisch in den Ort einzudringen. Chichagof Harbor fiel nach zwei Tagen blutigster Nahkämpfe. Auch der Flugplatz nahe der Sarana Bay wurde genommen. Doch noch wochenlang dauerten die Kämpfe auf Attu gegen versprengte Japaner an, die sich in den Höhlen verbargen.

Noch in dieser Phase des „mopping up“ („Säubern“) plante Kinkaid mit seinem Stab den Offensivschlag gegen die Insel Kiska, 170 Meilen östlich von Attu. Doch die Sache klappte dann doch nicht.

Seit Anfang Juli 1943 keilten Schiffsgeschütze nach Kiska hinüber, bombte die Air Force. Im August sollte die Infanterie an Land gehen.

Doch die Japaner störten Kinkaids Konzept, versuchten erst mit U-Booten, die 820 Mann evakuierten, dann in einem Raid die Inselbesatzung abzuholen. Ein Verband (drei Leichte Kreuzer, zwölf Zerstörer) unter Vizeadmiral Kawase drang bis knapp nach Kiska vor und wartete, während Konteradmiral Kimura mit zwei Kreuzern und sechs Zerstörern die Insel anlief. In der unglaublichen Zeit von nur 55 Minuten schifften sich 5183 Offiziere, Mannschaften und Zivilisten ein. Der Verband brachte die Leute ungeschoren weg.

Als dann am 15. August 1943 ein amerikanisch-kanadisches Infanterie-Kontingent Kiska stürmte, war es leer. Die gut ausgerüsteten, reichlich mit Nachschub versorgten Stellungen waren einfach geräumt worden: Kiska wurde als erste japanische Position kampflos aufgegeben, ein Umstand, der um so mehr Verwunderung auslöste, als Kiska eine stärkere Garnison im Vergleich mit Attu unterhielt. Die Japaner hatten für die knapp einjährige Besetzung der beiden Inseln einen hohen Preis entrichtet: fünf U-Boote, drei Zerstörer, neun Transporter, 60 Flugzeuge, 1000 Marinesoldaten und die ganze Garnison von Attu.

Auch die Amerikaner mußten hohen Blutzoll liefern, doch sie gewannen vorgeschobene Flugbasen und strategische Vorteile. Bombereinsätze zu den Kurilen und nach Japan (2180 Meilen) waren nun möglich geworden.

Auf Attu sank das Hinumaru (Sonnenbanner), eine Säule des Imperiums stürzte im Nordpazifik zusammen. Eigentlich war das Geschehen um die Alëuten nur ein Zwischenspiel im gigantischen Ringen, doch es dient der Gesamtdarstellung der Ereignisse.

Rabaul

Die kleine Stadt Rabaul an der Nordküste Neubritanniens war einst von Deutschen erbaut worden, obwohl Vulkanausbrüche, Sumpffieber, Erdbeben, Dschungel und Kannibalen die Insel wenig einladend machten. Bis 1943 hatte sie noch kein Weißer durchquert. Aber im Krieg zählen andere Aspekte. Die Japaner besetzten Rabaul am 22. Januar 1942 aus mehreren Gründen: Die Blanche-Bucht weist einen der besten Naturhäfen auf; der Ort liegt im Schnittpunkt zweier Inselketten und bildet eine strategische Schlüsselposition im Südwestpazifik.

Die Amerikaner planten gegen Rabaul eine Operation (Deckname „Cartwheel") längs der Inselketten: einmal in Richtung Neuguinea-Neubritannien, zum anderen über die Salomonen nach Neuirland. Der Raum Neuguinea unterstand General MacArthur als Oberbefehlshaber im Südwestpazifik. Er verfügte über die 7. Flotte (Carpender), 1300 Heeresflugzeuge (Kenney) und drei (kleine) Armeen (Blamey). Nimitz, Oberbefehlshaber im Zentralpazifik, somit zuständig für den Salomonen-Bereich, hatte in der 3. Flotte (Halsey) ein schlagkräftiges Instrument; hinzu kam das „Luftkommando Südpazifik" (Admiral Fitch), ein Heeresverband (Harmon) und ein Marinekorps (Vogel).

Rabaul war das Zentrum des 8. Operationsgebietes, das Generalleutnant Hitoshi Imamura führte. Die 18. Armee (Generalleutnant Hatazo Adachi) stand auf Neuguinea und den Nachbarinseln und bestand aus der 20., 41. und 51. Division, zusammen 50000 Mann. Die 17. Armee (Generalleutnant Haruysoki Hyakutuke) mit rund 20000 Soldaten war auf den Salomonen stationiert; sie hatte auf Guadalcanal hohe Verluste erlitten und bestand nur noch aus der 6. Division. Die Alliierten waren 5:1 überlegen. Auf See sah es ähnlich aus. Admiral Jinichi Kusakas dem 8. Operationsgebiet zugeteilte Flotte bestand aus einem Kreuzer und acht Zerstörern. Die Luftstreitkräfte umfaßten an die 400 Schlachtflugzeuge.

MacArthurs erstes Ziel war Munda auf Neugeorgien. Die Invasionsvorbereitungen zogen sich bis Juni 1943 hin. Zwischendurch griffen US-Bomber Schiffe an, warfen Marinekräfte magnetische Minen vor die Häfen auf Munda, Bougainville, Kavieng und schossen in der Nacht zum 6. Mai zwei japanische Zerstörer zusammen.

Um das eigentliche Ziel – Munda – zu verbergen, stürmten Infanterie-Regimenter am 22. und 23. Juni 1943 die Inseln Woodlark und

Kiriwina vor der Ostspitze Neuguineas und legten dort Flugplätze an. Rabaul war nun nur noch 480 Kilometer entfernt, für die US-Bomber leicht zu erreichen.

Die Japaner wollten die Inselgruppe Neugeorgien unbedingt halten. Auf der Landspitze von Munda legten sie ein Rollfeld an und tarnten es als Palmenhain, indem sie die abgeschnittenen Wipfel an Drähten aufhängten.

Am 30. Juni 1943 begann Admiral Richmond K. Turner (Schlachtschiffe, zwei große Träger, Geleitträger, Kreuzer, Zerstörer) den Angriff auf Neugeorgien. Wegen der Riffe war ein Frontalstoß gegen Munda von See her unmöglich. Deshalb gingen Invasionskräfte am Strand von Zenana (zehn Kilometer vom Flugplatz entfernt) auf der kleinen Insel Rendova an Land und schossen von dort aus mit 155-mm-Langrohrkanonen nach Munda hinüber. Gleichzeitig liefen drei kleine Marineverbände unbewachte Punkte in Neugeorgien an. Truppen stellten sich für Munda bereit, andere Einheiten bauten Liegeplätze für Schnellbootflottillen.

Aber die Japaner schlugen hart zurück. Turners Flaggschiff wurde torpediert und später irrtümlich von amerikanischen Schnellbooten versenkt. Admiral Koga richtete (wie die Japaner vor Guadalcanal) einen „Tokio-Expreß“ aus Zerstörern ein, um die Garnisonen auf Munda und Vila zu versorgen. In der Nacht zum 6. Juli trafen US-Schiffe (Admiral Ainsworth) auf eine solche Zerstörerflottille unter Admiral Akiyama. Im einsetzenden Gefecht gingen zwei japanische Zerstörer und der US-Kreuzer „Helena“ unter.

Eine Woche später begegnete Ainsworth bei Kolombangara einem anderen „Expreß“ unter Admiral Izaki. Wieder gingen auf beiden Seiten Schiffe verloren.

Ein dritter Zusammenstoß erfolgte am 7. August im Vella-Golf. Besonders die US-PT-(Schnell-)Boote spezialisierten sich im Salomonengebiet darauf, die gepanzerten „Daihatsus“ (Fährprahme) zu bekämpfen, die sich tagsüber am Ufer versteckten und nachts Truppen beförderten.

Am 2. August rammte der Zerstörer „Amagari“ das von John F. Kennedy (1960 US-Präsident) geführte PT 109. Der Oberleutnant zur See der Reserve Kennedy rettete einen Schwerverwundeten und holte schwimmend Hilfe heran.

Die Landungstruppen, zu weit abgesetzt, mußten sich auf Munda mühsam durch Tropengewitter, Hitze und Dschungel an die japanischen Stellungen heranarbeiten und wurden zudem von Feindschiffen beschossen. So schafften die Männer der 43. Division am ersten Tag nur einen Kilometer und in den nächsten zwei Wochen nur fünf. Halsey aber drückte aufs Tempo und übergab schließlich dem energischen General Griswold das Kommando an Land und schickte ihm die 25. und 37. Division als Verstärkung. So traten sechs kampfstarke Regimenter auf Munda Point an. Halsey sagte dazu: „Nach unserem Plan sollten 15 000 Mann die 5000 Japaner aus Neugeorgien vertreiben. Wir haben schließlich 50 000 geschickt. Wenn ich daran denke, dann steigt mir der Brandgeruch aus der Asche so manchen dort erloschenen militärischen Ruhms in die Nase ..."

Schließlich gewannen die Amerikaner taktische Vorteile. Bulldozer rodeten den Dschungel. Flammenwerfer räucherten Feindnester aus. Artillerie trommelte. Und am 1. August funkte Griswold an Halsey: „Ich habe Munda genommen und übergebe es Ihnen ganz als Ihr Eigentum." Die Japaner gingen in die Wälder. Die Amerikaner hatte Neugeorgien 1094 Tote und 1873 Verwundete gekostet.

MacArthurs Offensive in Neuguinea kam nur schleppend voran. Den Japanern, vom Nachschub abgeschnitten, erging es dort schlecht. Man fand später an die hundert Tagebücher des Inhalts: „Fieber und Beriberi ... Bin seelisch und körperlich am Ende. Ich fühle mich wie ein Fetzen Baumwolle. Ich möchte sterben ... Viele fallen auf der Straße einfach um und sterben am Hunger ... Ständig kommen über uns Malaria, Moskitos, giftiges Gewürm. Regen ohne Ende. Die Armee auf dem Vormarsch auf Fahrrädern oder im Auto – was für eine Schönfärberei! ... Die Rationen sind alle. Wir leben von Wurzeln und Baumrinde. Die Moral ist auf dem Tiefpunkt."

Das Angriffsziel in Neuguinea war Lae. Die Landung wurde auf den 4. September 1943 festgelegt. Die australische 9. Division landete östlich Lae, während Männer vom 503. US-Fallschirmjäger-Regiment westlich davon ins breite Tal des Markham sprangen. Beide Einheiten rückten zum Kolonialhafen vor, der früher wegen der Goldfunde bei Bololo angelegt worden war. Lae fiel am 16. September. Zum ersten Male hatte man im Pazifik auch Fallschirmjäger eingesetzt.

Die Japaner suchten die Hüon-Halbinsel mit Finchhafen zu halten; er erfüllte für Neubritannien die gleiche Funktion wie Calais für England. Die japanische 51. Division zog sich kämpfend durch die Pässe des Rawlinson Ridge zurück. Doch die auf dem Luftwege herangebrachte australische 9. Division drückte hart nach. Die ausgehungerten Japaner erlitten hohe Verluste und warfen sogar ihre Gewehre fort. Ehe sie Finchhafen erreichten, hatte es die in Lae wieder einge-

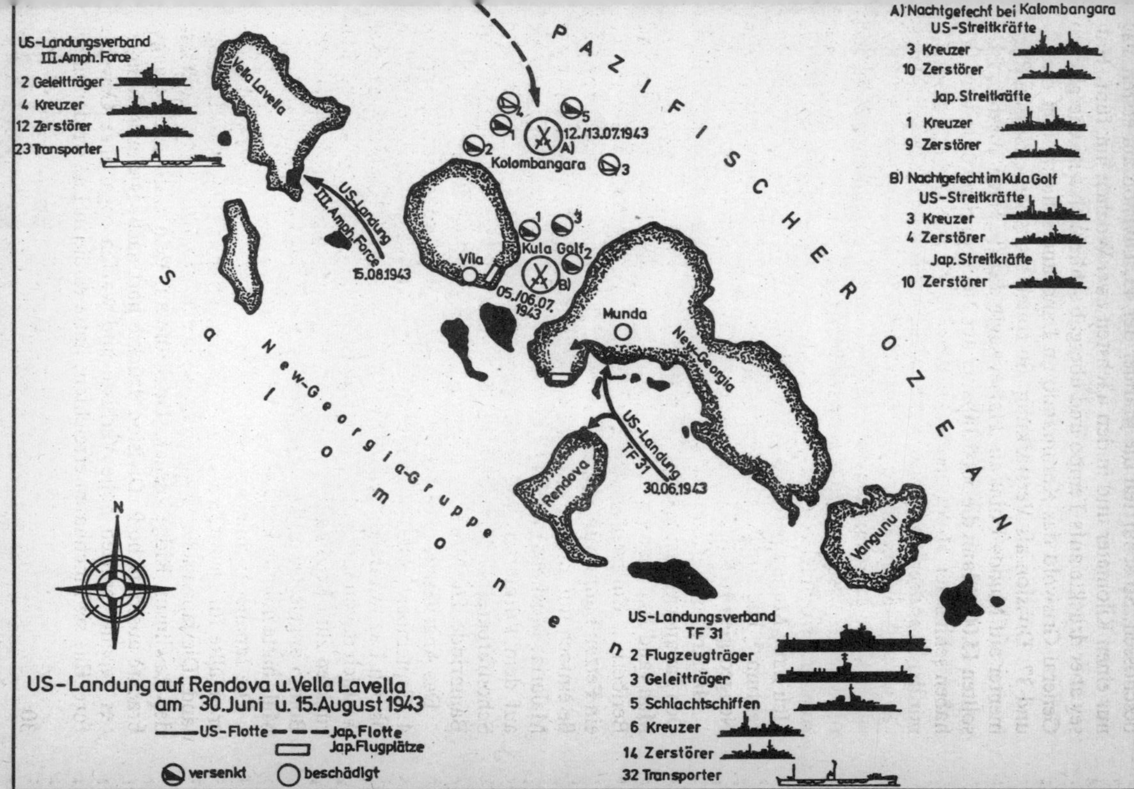

US-Landung auf Rendova u. Vella Lavella am 30. Juni u. 15. August 1943

schiffte australische 7. Division am 2. Oktober schon eingenommen. Nun saßen die Alliierten an der Dampier-Straße. Eine Landung auf Neubritannien und damit die Eroberung Rabauls waren nun durchaus möglich. Doch da man mit hohen Verlusten rechnete, wurde darauf verzichtet. Dafür schlugen die Vereinten Stabschefs die Erstürmung der Alëuten-Inseln Attu und Kiska für den Mai 1943 vor, durchzuführen von der bewährten 7. Division.

Das Kaiserliche Hauptquartier hatte sich auf eine „unter allen Umständen zu haltende Linie der nationalen Verteidigung“ festgelegt, die von West-Neuguinea über die Karolinen und Marianen verlief. Rabaul und die Außenposten auf den Salomonen waren nicht mit einbezogen, sollten aber ebenfalls gehalten werden.

Neuguinea

Am 28. Februar 1943 lief ein japanischer Konvoi (acht Transporter, acht Zerstörer) von Rabaul nach Lae aus; er sollte 7000 Mann dorthin bringen. Am 2. März kam es dann zur Seeschlacht in der Bismarck-See. Rund 300 Maschinen der 5. Air Force (Kenney) zerstörten alle Frachter und vier Zerstörer. Dann fielen die Jäger und Schnellboote über die japanischen Schiffbrüchigen her. Der Marinehistoriker Samuel Eliot Morison schreibt darüber: „Es war eine grausige Aufgabe, aber eine militärische Notwendigkeit, da japanische Soldaten sich nicht ergeben. Sie hätten das Land schwimmend erreicht und so die Garnisonen von Lae verstärken können; das mußte verhindert werden."

Zu diesem Zeitpunkt verfügte MacArthur über sechs australische und vier amerikanische Infanteriedivisionen (Nimitz: neun Marine- und Heeresdivisionen) und schlug nun den nächsten „Boxhaken" gegen Neuguinea, nachdem bis Januar 1943 die Orte Buna, Gona und Sananda den überaus harten Truppen unter General Hatazo Adachi entrissen worden waren. Die Japaner erlitten 13 500 Verluste an Toten, Verwundeten und Kranken.

Während sich die Japaner noch mit Luft- und Marinekräften um das Überleben der Munda-Besatzung kümmerten, brach das Verhängnis über den Hüongolf (Neuguinea) herein: US-Truppenlandung südlich Salamaua. Sofort karrten die Gegner mit Kleinfahrzeugen Verstärkungen dorthin und stopften sie in die Front, obwohl vom 70 Kilometer südlich des Golfes gelegenen Flugplatz aus US-Jäger störten. Der Posten in Salamaua wurde dennoch auf Adachis Drängen hin auf 10 000 Mann verstärkt, wofür Lae entblößt werden mußte. Dazu schlichen nachts hölzerne Dieselprahme an der Küste entlang zum Hüongolf.

Genau das aber bezweckte MacArthur, denn nun schlug er gegen Lae los. In kürzester Zeit enterten 8000 Mann in Landungsfahrzeugen die Küstenregion, als Flugzeuge und Zerstörer die Verteidiger eindeckten. Zwei Tage später nahmen 1700 Luftlandesoldaten den Flugplatz westlich von Lae. Aber über Land lief für die Angreifer gar nichts: Dschungel, Sümpfe, Unwegsamkeit. So rückte man eben am Ufer entlang. Dabei konnte sich die neugeschaffene Truppe der „amphibischen Pioniere" gut bewähren.

Die Verteidiger gaben unerwartet schnell auf und suchten sich zum nächsten Standort Saidor durchzuschlagen, was ihnen auch unter hohen Verlusten gelang.

Doch im September 1943 saßen die GIs und „Anzacs“ (Australier) am Hüongolf und nahmen auch bald darauf Finchhafen.

Damit aber hatte General MacArthur beste Basen für Luftattacken gegen Rabaul gefunden und konnte bis Oktober runde 300 Flugzeuge dafür mobilisieren. Rabaul (Neubritannien), inzwischen zur Festung ausgebaut, wurde von zirka 100 000 Soldaten (davon ein Viertel Marineangehörige), 43 Küstengeschützen, 367 Fla-Kanonen, viel Feldartillerie, Panzern und 300 Flugzeugen bewacht. Diese Seefestung anzugreifen war viel zu riskant; also mußte sie gebombt und isoliert werden. Rabaul lag 900 Kilometer von Port Moresby und 1100 Kilometer von Guadalcanal entfernt.

Nach dem Erfolg im Hüongolf mußte MacArthur mit weiteren Operationen auf die Fertigstellung neuer Flugfelder warten. Seine nächste Aufgabe war die Sicherung der Vitiaz- und Dampier-Straße zwischen Neuguinea und der Westküste Neubritanniens sowie die Schaffung eines Zugangs zur Bismarck-See.

So landete denn auch am 15. Dezember 1943 die 6. Armee (Krueger) bei Arawe auf Neubritannien. Sturmspitze bildete dabei das 112. Kavallerieregiment. Während eine Nebenlandung scheiterte, traf die Hauptaktion voll: Die erste Welle mit Amtrak und Dukws kam gut ans Ufer, das von Raketenwerfern eingedeckt wurde.

Die Japaner konnten Arawe über Land nicht versorgen und stürzten sich auf die Landungsfahrzeuge, was die Invasion aber wenig behinderte.

Die nächste Offensive führte die 1. Marinedivision (Vandegrift) gegen Kap Gloucester an der Westküste Neubritanniens. Auch hier lief alles nach Plan. In sieben Wellen schaukelten die Guadalcanal-Veteranen am 26. Dezember 1943 an Land. Japanische Fliegerangriffe beschädigten einige Fahrzeuge, konnten aber das Unternehmen nicht aufhalten. Mehrere tausend Japaner wehrten sich erfolglos bis Mitte Januar 1944. Auch der starke Tropenregen (40 Zentimeter Niederschlag pro Tag) bremste die Amerikaner nicht.

Als die Nordflanke der Vitiaz-Straße gesichert war, übersprangen US-Infanteristen am 2. Januar 1944 die kleinen japanischen Garnisonen in Sio auf dem Nordufer Neuguineas und landeten, 7200 Mann stark, 120 Kilometer weiter westlich auf Saidor. Und schon am Nachmittag starteten Heeresbomber der US-Air Force von dem kleinen

Flugfeld aus gegen den weiter westlich liegenden festen Platz Wewak. Inzwischen retirierte die japanische Besatzung Sios von der Küste ins wegelose Hinterland.

Im März 1944 trat dann die US-Marine-Infanterie bei Willaumez gegen die Japaner an der Nordküste Neubritanniens an und zerschlug eine Feinddivision.

Nachdem Rabaul isoliert und die Invasion in den Admiralitätsinseln abgeschlossen war, visierte MacArthur schon die nächsten Ziele auf Neuguinea an. Im Stützpunkt Madang lagen 16 000 Japaner, in Wewak an die 35 000. Längs der Küste gab es noch kleinere Garnisonen in Aitape, Wakde, Hollandia und auf der Vogelkop-Halbinsel. Von den ursprünglich 250 Heeresflugzeugen waren nach der Schlacht um die Admiralitätsinseln nur noch hundert übriggeblieben.

Nun vermuteten die Japaner eine Landung in Madang oder Wewak und trafen ihre Abwehrmaßnahmen. Sie brachten Truppen von Hollandia nach Wewak und verlegten umgekehrt die 6. Fliegerdivision nach Hollandia. Dieser Stützpunkt verfügte über drei Flugplätze, riesige Depots und lag weit von der Küste entfernt, so daß niemand mit einem Angriff rechnete. Der Platz galt als so sicher, daß sogar die Kommandozentrale von Wewak dorthin verlegt werden sollte. Doch dazu kam es nicht mehr. Jedenfalls spielten die Japaner MacArthur unbewußt in die Hände, wozu sicher auch die Täuschungsmanöver beitrugen.

MacArthur wollte im „Rösselsprung" über 400 Seemeilen an dem festen Platz Wewak vorbeistoßen, es (wie Rabaul) isolieren und dafür das 250 Seemeilen weiter westlich gelegene Hollandia angreifen. Sicher: Eine weiträumige Operation im Rücken des Feindes ist stets riskant, aber man hoffte, dadurch Menschenleben und sechs Monate Zeit sparen zu können. Ein sinnvolles Argument.

Die Planungsarbeiten begannen im Januar 1944. D-Tag sollte der 22. April 1944 sein. Generalleutnant Walter Krueger, Befehlshaber der 6. Armee, erhielt den Auftrag, die Aktionen von Heer, Marine und Armeeluftwaffe zu koordinieren. Für die Landungsaufgaben war der Führer des I. Korps, General Robert L. Eichelberger, zuständig. Das Kommando auf See hatte der Befehlshaber der 7. Flotte, Admiral Thomas C. Kinkaid, dem auch zeitweise Mitschers Träger (Task Force 38) unterstellt wurden, die am 30. März 1944 die Palau-Inseln angriffen. Doch dieser Detachierung war eine Kontroverse über die Reihenfolge und Termine der Folgeoperationen vorausgegangen. Während nämlich MacArthur über Neuguinea und die Molukken zu den Philippinen strebte (er hatte 1941 die Rückkehr versprochen), wollten Nimitz und King im „Inselspringen“ noch näher an Japan herankommen. Schließlich traf dann eine Washingtoner Planungskonferenz im März 1944 die Entscheidung: abwechselnd beide. Jetzt aber war erst MacArthur an der Reihe.

So flogen Bomber der 5. Air Force (Kenney) die Küstenregion Neuguineas an, wobei aus Täuschungsgründen Madang und Wewak am häufigsten bombardiert wurden. In Wewak gingen sogar Fallschirmjägergruppen nieder. Inzwischen sammelten die Landungs- und Dekkungsverbände bei der Insel Goodenough östlich Neuguineas. Am 3. April 1944 wurde erstmals Hollandia gebombt. Auf den dortigen Plätzen lag die aus Sicherheitsgründen von Wewak herübergeholte 6. Fliegerdivision (General Masazumi Inada) und wurde fast völlig am Boden zerstört.

Am 17. April 1944 lief die Invasionsflotte unter Kinkaid aus: 200 Schiffe, 3000 Motorfahrzeuge, 56 000 Soldaten, 50 000 Tonnen Material. Es war geplant, Hollandia nach der Einnahme zu einem großen Stützpunkt für die Konzentration von 140 000 Soldaten für weitere Operationen auszubauen.

Als der Landungsverband die Vitiaz-Straße passiert hatte, schlug er einen nördlichen Täuschungskurs zu den Admiralitätsinseln ein, umrundete sie in weitem Bogen, so daß die Japaner einen Angriff auf die Marianen befürchteten. Der Umweg von 300 Seemeilen sollte sich lohnen.

Die schnellen US-Träger verließen am 13. April das Majuro-Atoll, standen einen Tag vor der Landung nahe Hollandia, bombardierten Nachbarinseln, zerstörten etliche Feindflugzeuge, Depots und kleine Schiffe. Heeresbomber von der Hüon-Halbinsel und Schiffsgeschütze begannen mit dem Feuerschlag zur Invasion.

22. April 1944: D-Tag. In der Humboldt-Bay (Hollandia) und 40 Kilometer westlicher, in der Depapre Bay, stürmten die Truppen des I. US-Korps (Eichelberger) die Ufer, unterstützt von 800 Trägermaschinen. Heeresflieger konnten wegen des schlechten Wetters im Hüongebiet nicht starten.

Der Hauptlandungsplatz, eine Sandbank, war durch Sumpf (auf dem Luftbild nicht erkennbar) vom Festland getrennt. Die zweite Landestelle bildete ein vorgelagertes Korallenriff. Von dort aus rückten Kommandos auf Urwaldpfaden vor. Die japanische 18. Armee (General Hatazo Adachi) hatte hier nur schwache Sicherungen stehen und lag mit dem Gros bei Wewak, wo der Angriff erwartet worden war. Vorsorglich standen US-Schnellboote auf und ab und isolierten Wewak von See her.

Die mit Amtraks ausgerüsteten Sturmspitzen gingen in der Humboldt Bay an Land, fuhren dann acht Kilometer binnenwärts, überquerten einen großen See und drangen weitere 24 Kilometer bis zu den drei Flugplätzen vor. Die Fußtruppe brauchte vier Tage, um von der Küste her die 34 Kilometer Regenwald und Sumpfgelände bis zu den Flugfeldern zurückzulegen. Eine im Luftbild ausgewiesene Straße hatte sich als schlammiges Flußbett erwiesen.

Die japanische Luftwaffe ließ sich kaum sehen. Am zweiten Abend fiel eine Bombe im Landestreifen an der Humboldt Bay und setzte einen Tanker und Munitionslager in Brand. Es gab Tote und Verletzte; das meiste angelandete Material verschmorte im zweitägigen Feuer.

Hollandia war die erste kooperative Unternehmung von Amphibienfahrzeugen und Trägerflugzeugen – ein großer Erfolg. Schon acht Tage nach der Invasion wurde der Flugbetrieb aufgenommen.

Die Wartestellung der Japaner für den vermeintlichen Marianen-Seezug der Amerikaner benutzte MacArthur zu weiteren Operationen an Neuguineas Küste mit Generalrichtung Nordwesten. Nur fehlte es an Deckungskräften, denn außer zwei Schweren, drei Leichten Kreuzern und einigen Zerstörern wurden die übrigen Einheiten der 3. Flotte schon für die Marianen-Offensive (Juni 1944) bereitgestellt. Hinzu kam, daß die Plätze in Hollandia für schwere Bomber ungeeignet waren, so daß sie von den alten Rollfeldern aus (700 Kilometer weiter östlich) operieren mußten.

Als günstiges Ziel bot sich Biak an, 300 Kilometer von Hollandia entfernt. Im Vorbeigehen konnte dann auch gleich Wakde mitgenommen werden; dort wurde ein Jäger-Flugplatz festgestellt.

Am 17. Mai 1944 nahmen Infanteristen zwei kleine unbesetzte Inseln in der Nähe und brachten Geschütze in Stellung. Zusammen mit Kreuzern, Zerstörern und Raketenwerfern trommelten sie dann einer Regimentsgruppe (7000 Mann) den Weg nach Wakde frei. Der Inselkampf kostete die Amerikaner schließlich 110 Tote und Verwundete, die Japaner 800 Totalverluste; nur ein Gegner hatte sich ergeben. Im Westteil hielt sich ein japanischer Posten. Man ließ ihn in Ruhe, denn er diente allen neuankommenden GIs als „Übungsfeind".

Am 27. Mai 1944 führte Konteradmiral William M. Fechteler seine 7. Amphibious Force nach Biak. Zerstörer und 50 B-17-Bomber schlugen die Landeabschnitte sturmreif. Fast ohne Widerstand betraten 12000 Mann die Insel. Doch dann brach die Hölle los. Die Angriffsziele, drei Flugplätze, lagen auf dem schmalen Uferstreifen, hinter dem Felswände mit Höhlen emporstiegen. Von dort aus legten nun die Japaner massives Abwehrfeuer in die Sturmspitzen und nagelten sie am Wassersaum fest. Die Ausfälle stiegen sprunghaft. General Eichelberger, der Korpsführer, nahm die Sache selbst in die Hand. Und wie Tarawa, so wurde nun auch Biak zu einer Blutmühle.

Die Japaner wollten über See Verstärkungen und Nachschub ans Nordufer bringen. In der Nacht zum 8. Juni 1944 dampften sechs Zerstörer (drei mit Truppen beladen) von Sorong in Nordwest-Neuguinea mit Kurs Biak ab. US-U-Boote versenkten einen Zerstörer; die restlichen fünf stellte kurz vor dem Ziel ein US-Verband aus Kreuzern und Zerstörern. Nach zweistündigem Gefecht wurde ein japanisches Schiff beschädigt.

Admiral Soemu Toyoda wollte Biak unbedingt halten und stellte dafür eine größere Kampfgruppe zusammen: die Überschlachtschiffe „Yamato" und „Musashi", vier Schwere Kreuzer und acht Zerstörer. Auftrag: Truppen von der Insel Halmahera, nordöstlich von Neuguinea, nach Biak zu bringen. Doch als in Tokio die Meldung über die Marianen-Bedrohung eintraf, wurde der Verband sofort zu den Philippinen umdirigiert.

Auf Biak tobten die Kämpfe weiter. Auch hier wurde nur ein Gefangener gemacht. Die noch verschanzten Japaner blieben monatelang in den Kalkhöhlen und schlachteten zur Nahrungsbeschaffung einander systematisch ab.

MacArthur griff weiter an, denn Nimitz' Marianen-Offensive brachte ihm Vorteile. So landete er am 2. Juli 1944 Truppen auf der Insel Noemfor, 60 Seemeilen westlich Biak. Schnellboote (es gab in diesem Bereich inzwischen 14 Flottillen zu je 15 Booten) hatten schon Tage vorher Späher in den Landeplätzen abgeladen und japanische Kleinschiffe gejagt.

Die Landung verlief glatt. Infanterie gelangte über eine nur bei Hochwasser passierbare Korallenbarriere an unerwarteter Stelle auf die Insel. An die tausend Soldaten mußten waten, als ihre Landungsboote nun doch am Riff hingen. Aber die Abwehr blieb schwach; nur ein GI kam um.

Ende Juli startete MacArthur seine letzten Aktionen auf Neuguinea. Er ließ Sansapor und ein paar kleine Inseln nehmen. An vier Stellen zugleich stürmten fast 20000 Soldaten, ohne Widerstand zu finden, obwohl sich auf der Vogelkop-Halbinsel noch an die 18000 Japaner aufhielten und hungerten. Fechtelers 7. Amphibische Flotte (ein

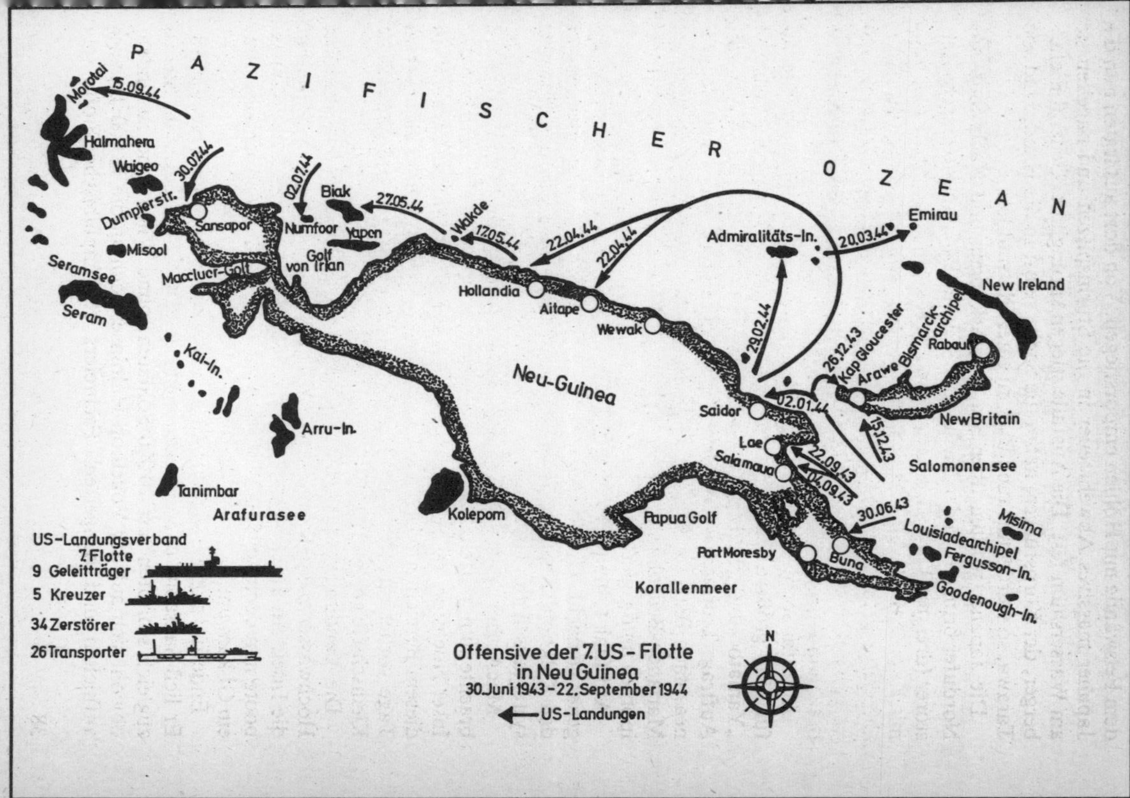

Offensive der 7. US-Flotte in Neu Guinea
30. Juni 1943 – 22. September 1944

Schwerer, zwei Leichte Kreuzer, 25 Zerstörer, acht LST, 70 Landungsboote) sicherte den Landgang der Infanterie.

Da wurde die japanische Flotte aktiv. Admiral Koga schickte die „Musashi", Kreuzer und Zerstörer nach Norden, während er mit dem Stab zu den Philippinen flog, um dort sein neues Hauptquartier zu errichten. Aber das Schicksal wollte es anders. Die beiden Flugboote gerieten in einen Gewittersturm. Die eine Maschine mit dem Stabschef Fukudome an Bord entkam, stürzte jedoch bei der Landung vor Cebu ins Meer. Fukudome schwamm mit den Operationspapieren an Land und wurde von Guerillas, die ein Amerikaner führte, gefaßt. Als japanische Stellen davon erfuhren, preßten sie den Admiral durch Geiseltötungen frei. Seine Unterlagen aber brachte ein U-Boot zu MacArthur nach Sidney.

Kogas Flugboot blieb verschollen.

Bougainville

Zur methodischen Isolierung Rabauls zielten die Amerikaner nach der Eroberung Neugeorgiens nun auf die nördlichste Insel der Salomonen: Bougainville, die wildeste und größte in der Gruppe. Der feuerumgebene Mount Bagana ragt aus dichtem Dschungel hervor. Aus deutscher Kolonialzeit stammten noch einige Namen: Kaiserkette, ein Gebirge im Norden; Kronprinzenkette im Süden. Dort, in der Buin-Ebene, hatten die Japaner Verteidigungsanlagen und Flugplätze gebaut. Schwache Einheiten lagen auch im Inselzentrum an der Kaiserin-Augusta-Bucht.

Ende Oktober 1943 wurde ein kleines Eiland westlich Bougainville besetzt, während eine Kommandotruppe östlich davon die Insel Choiseul stürmte. Nach täglichen massiven Bombardements von hundert Flugzeugen (26 Eigenverluste) kam am 1. November 1943 die 3. Marinedivision in acht Stunden mit 14000 Mann und 6000 Tonnen Material an Land. General Griswold ließ die Kaiserin-Augusta-Bucht anlaufen und einen Brückenkopf bilden. Der Widerstand auf Bougainville war anfangs schwach. Erstmals wurde auch die 1. Marine-Hunde-Abteilung mit 24 Dobermännern gegen Heckenschützen eingesetzt. Doch die Amerikaner verzichteten auf die Eroberung der ganzen Insel; sie wollten nur einen gesicherten Bomberstützpunkt für Flüge gegen Rabaul errichten. Auf See führte Admiral Thomas S. Wilkinson.

Toyoda aber wollte Bougainville halten und führte aus Neugeorgien und Kolombangara an die 10000 Soldaten heran, so daß zirka 35000 Japaner auf den entgegengesetzten Enden der Insel standen. Die Lage war schwierig, denn Halseys amphibische Kräfte hatten inzwischen Vella Lavella genommen, und MacArthur beherrschte nach der Einnahme von Lae und Salamaua das nordöstliche Neuguinea zwischen Hüongolf und den Louisiaden, während Nimitz mit Offensiven in den Gilbert-Inseln drohte.

Tokio wollte vor allem seine Hauptflotte schonen. Aber es ließ vorsorglich gute Trägerpiloten, darunter die Jagdflieger-Asse Major Samuro Sakai, Kapitän Masao Oita und Oberleutnant Kenji Okabe, heranziehen. Man glaubte, die unter Mitscher in Pearl Harbor aufgestellte Task Force 38 (Träger „Saratoga“, „Enterprise“, „Essex“, „Lexington II“, „Bunker Hill“) würde die Insel Wake angreifen. Das stimmte nicht. Nimitz teilte sie, zusammen mit einer amphibischen

Gruppe (Wilkinson) und dem Schlachtschiffgeschwader (Oldendorf) wieder der 3. Flotte (Halsey) zu.

Auf Bougainville und den umliegenden Inseln unterhielten die Japaner sieben Luftstützpunkte, und Rabaul war nur 425 Kilometer entfernt. Deshalb kam es öfter zu See- und Luftgefechten. So lief Konteradmiral Omiri mit den Schweren Kreuzern „Myoko" und „Haguro", zwei Leichten Kreuzern und sechs Zerstörern von Truk (Karolinen) herüber die Kaiserin-Augusta-Bucht an, wurde jedoch von einem US-Geschwader (vier Kreuzer, acht Zerstörer) unter Konteradmiral Merrill gestellt. In der Nacht zum 2. November kam es zum Seegefecht in der Kaiserin-Augusta-Bucht, bei dem beide Seiten Verluste hinnehmen mußten. Zwischendurch bombten 97 US-Trägermaschinen Rabaul, verloren acht Flugzeuge, beschädigten aber acht Feindschiffe, so daß kein Entsatz nach Bougainville gelangte. Obwohl die letzten großen Träger „Shokaku" und „Zuikaku" (nahe genug) bei den Karolinen standen, scheute man ihren Einsatz.

Nimitz dachte da anders. Am 11. November schickte er die werftneuen Träger „Essex", „Bunker Hill" und „Independence" zur Bombardierung nach Rabaul, während US-Jäger von den Russell-Inseln, Guadalcanal, Woodlark und Port Moresby aus Einsätze gegen den Bismarck-Archipel und Feindtransporter flogen. Besonders die 5. Air Force (Kenney), in der auch Australier und Niederländer dienten, besaß in Oberst Neel Kearby, Major Thomas Lynch und Oberleutnant Richard Bong erstklassige Jagdflieger, deren Abschußzahlen ständig stiegen. Sie trafen auf die japanischen Asse. Die Luftkämpfe steigerten sich bis zur Raserei. Und als 120 japanische Flugzeuge die US-Träger attackierten, wurden sie abgewehrt.

Auf Bougainville gelang es japanischen Kommandos, den amerikanischen Landekopf einzukesseln. Truppennachschub aus Kap Torokina, Duka, Kieta und Buin verstärkte den Einschließungsring. Doch nicht für lange, denn die Amerikaner brachten nacheinander die 37., 40. und „Americal"-Division, dann sogar das ganze XIV. Korps an und drängten den Gegner ab. Der Materialüberfluß stapelte sich auf der Insel Purnata, so daß Griswold meinte: „Ich warte nur darauf, bis sie durch all die Lasten untergeht."

Viel schlimmer als der Feind war die Natur auf Bougainville. Die Westhänge ertranken in Sturzbächen, Regengüssen und Schlammströmen. Die GIs wateten oft bis zu den Schultern im Matsch; sie schliefen im Sitzen und banden ihre Waffen an Bäumen fest. Selbst Bulldozer verschwanden im Morast wie U-Boote im Meer. Fieber und Tropenkrankheiten grassierten. Dennoch fand man einige feste Stellen für den Flugplatzbau. An der Küste entstand ein Rollfeld für Jäger, und zwischen den Flußläufen von Piva und Koromonika bauten acht Seabees-Bataillone zwei Bomberpisten, die Weihnachten in Betrieb genommen wurden.

Zum letzten Seegefecht im Salomonengebiet kam es in der Nacht zum 25. November zwischen Bougainville und Kap St. George (Neuirland). Dort wurden japanische Truppentransporter von US-Zerstörern (Burke) abgefangen.

MacArthur hatte inzwischen eine Einheit von Neuguinea über die Dampier-Straße nach Neubritannien geschafft: Damit lag Rabaul in Griffnähe.

Mitte Februar 1944 wurden dann noch die Green Islands, ein Atoll nordwestlich von Bougainville, bei geringer Gegenwehr von 16000 Soldaten besetzt. Innerhalb eines Monats wurden 43000 Tonnen an Material nachgeführt. Die 1200 Melanesier wurden für die Kriegsdauer nach Guadalcanal evakuiert. Der Flugplatzbau dauerte nur drei Wochen, und damit erstand eine neue Absprungbasis für Bomberangriffe gegen Rabaul, während Nimitz' Flotte und Marineinfanterie beim Vorstoß durch die Inselwelt und Atolle sowohl die Verbindungslinien nach Rabaul als auch zur zweiten japanischen Seefestung Truk in den Karolinen zu durchtrennen suchten.

Tarawa

Wie eine Spinne im Netz, so beherrschten die Japaner von der legendären Seefestung Truk im Zentrum Mikronesiens aus die Karolinen, Marianen, Marshall-, Gilbert-Inseln und Philippinen und versperrten somit den Zugang zu Nippons Toren.

Als im Frühjahr 1943 der Kampf um Guadalcanal beendet war und MacArthur über Stützpunkte in Neuguinea verfügte, arbeitete das US-Marineoberkommando bereits an neuen Offensivplänen: Stoß durch den Zentralpazifik in Richtung der Ellis-, Gilbert-, Marshall-Inseln und Truk. Auf der Casablanca-Konferenz (Januar 1943) wurde die zentralpazifische Operation abgesegnet und in der „Quadrant“-Konferenz (24. August 1943) in Quebec das primäre Ziel angegeben: Gilbert-Inseln. Die Joint Chiefs gaben als Grund an, daß „strategisch gesehen die Zentralpazifik-Route von entscheidender Bedeutung sei; ein hier errungener Erfolg könnte mit großer Wahrscheinlichkeit zu einer Trennung des (japanischen) Kernlandes vom überseeischen Imperium im Süden führen“. Diese Überzeugung resultierte aus dem großen Vertrauen auf die Flugzeugträger, die eine neue Variante des See-Luftkrieges darstellten und die Strategie der Amerikaner, von ihnen selbst spöttisch „Island Hopping“ („Inselspringen“) genannt, erst ermöglichten. Obwohl die USA sich nun auch stärker in Europa engagierten, genügte ihr Rüstungspotential durchaus, auch im Pazifik die zweigleisige Offensiv-Technik anzuwenden: gleichzeitige Schläge gegen die Salomonen, Neuguinea, die Admiralitätsinseln und den mittleren Pazifik. Der Marsch durch die Atolle würde neben der Gewinnung neuer Flug- und Flottenbasen auch zugleich MacArthurs Flanke im Südwestpazifik schützen. Der bewegte sich, auf Australien gestützt, an Neuguinea entlang, mit Fernziel auf die Philippinen zu. Dabei durfte er nie den Aktionsradius seiner landgestützten Luftwaffe verlassen. Deshalb ging er im „Bocksprung“-Verfahren an japanischen Plätzen vorbei, wo er erwartet wurde, und griff dann eine x-beliebige Garnison an. Trotzdem wurde sein Nachschubweg von Australien her ebenso durch feindliche, inselgestützte Marineflieger bedroht wie seine Vormarschroute Bismarck-Archipel – Neuguinea – Philippinen.

Die Offensive gegen die Gilbert-Gruppe (Deckname: „Galvanic“) mit den Atollen Tarawa, Makin und Apamama, sollte nicht auf dieses Ziel begrenzt sein, sondern auch den japanischen Zitadellengürtel, der den Zentralpazifik kontrollierte, aufsprengen und eine Passage nach Japan hinauf schaffen. Nimitz wollte nun eine starke Rechte schlagen. Die Skeptiker aber warnten, die Befürworter dagegen machten Mut: „Die alte Maxime, Flugzeugträger und ihre Trägerflugzeuge seien im Nachteil, wenn sie auf landgestützte Luftstreitkräfte träfen, muß revidiert werden, wenn große Flugzeugträgereinheiten verfügbar sind ... Es gibt gute Gründe für die Annahme, daß Trägerflugzeuge allein – obgleich noch nicht erprobt – auch ohne landgestützte Luftstreitkräfte der Aufgabe, amphibische Operationen gegen Inselfestungen abzusichern, durchaus gewachsen sind." Also blieb es bei „Galvanic".

Die Operation zielte auf ein Gebiet so groß wie Texas und übersät mit winzigen Korallen-Atollen. Hier lag der südöstlichste Punkt des japanischen „Spinnennetzes", für die Amerikaner als potentielle Absprungbasis zu den Marshall-Inseln im Norden und Flankenschutz der Versorgungslinien interessant.

Anfang 1943 legten die Japaner auf Betio, Schlüsselposition von Tarawa, ein Flugfeld und auf der Insel Makin einen Wasserflugzeug-Stützpunkt an. Von den nahen Inseln, darunter das befestigte Nauru, transportierten sie Phosphate ab. Da das Kaiserliche Hauptquartier mit einem Unternehmen in der Marshall-Region rechnete, traf es Vorsorge und gab den „Z-Plan" heraus: Kooperation der (etwa zwölf) befestigten Inseln mit der Marine-Luftwaffe (120 Maschinen) und den Flottenverbänden in Truk. Die Stützpunktkette war so gegliedert, daß die benötigten Infanteriekräfte auf dem Luftweg austauschbar blieben; auch von Japan aus konnten nunmehr ganze Luftflotten in die Verteidigungszonen gebracht werden. Doch zu Optimismus gab es wenig Grund. Die Verluste in den Salomonenkämpfen im Sommer 1943 veranlaßten denn auch das Marine-Oberkommando, entgegen der ursprünglichen Planung Seestreitkräfte für die Abwehr eines möglichen Sturms auf die Marshall- und Gilbert-Inseln bereitzustellen. Den Standortkommandanten wurde befohlen, ihre Garnisonen bis zum letzten Messerstich zu verteidigen. Auf Nachschub konnten sie kaum hoffen, denn die Tonnage-Einbußen zeigten nun schon deutlich das Mißverhältnis zwischen den zu versorgenden Besatzungsgebieten und dem noch verfügbaren Frachtraum in der Schiffahrt. Hier wirkte sich auch der Handelskrieg aus.

Im August 1943 wurden die Ellis-Inseln besetzt und von dort aus Erkundungs- bzw. Bomberflüge im Nahbereich unternommen.

Das eigentliche Ziel von „Galvanic" bildete die Insel Makin-Tarawa (Codename: „Helen") und das leicht befestigte Eiland Apamama („Land des Mondscheins"), eine wahre Südsee-Idylle.

Die neuformierte 5. Flotte (Vizeadmiral Raymond A. Spruance) sollte die bislang größte amphibische Operation, 700 Meilen vom nächsten US-Land-Luftstützpunkt entfernt, führen. Dazu erhielt sie ausreichend Kräfte: 200 Schiffe mit 35 000 Mann, 6000 Fahrzeuge und 117 000 Tonnen Frachtgut. Sie wurden geschützt von 19 Trägern, darunter die Task Force 58 (Mitscher) mit „Yorktown II", „Enterprise", „Hornet", „Lexington II", „Wasp II", „Bunker Hill", „Essex" (zusammen 900 Flugzeuge). Admiral Richard L. Conolly führte sieben schnelle Schlachtschiffe an: „New Jersey", „Washington", „Iowa", „North Carolina", „South Dakota", „Indiana", „Alabama". Hinzu kamen noch fünf alte Schlachtschiffe als Beschießungsgruppe.

Die Gesamtoperation in den Gilbert-Inseln befehligte Admiral Chester W. Nimitz. Das Kommando zur See hatte Spruance, der auf dem Kreuzer „Indianapolis" seinen Stander setzte. Vom Schlachtschiff „Pennsylvania" aus dirigierte Konteradmiral Richmond K. Turner sowohl die Sturmtruppen gegen Makin und Tarawa als auch den Kampfverband 52 bei der Angriffsgruppe Nord. Auf dem gleichen Schiff fuhr auch Generalmajor Holland M. Smith, wegen seiner bärbeißigen Art „Howling Mad" („völlig verrückt") Smith genannt, mit; er kam vom United States Marine Corps (Marineinfanterie = „Ledernakken") und kommandierte nun das V. Amphibische Korps. Konteradmiral Harry W. Hill auf dem Schlachtschiff „Maryland" (Flaggschiff) war für den Kampfverband 53 zuständig, der Tarawa stürmen sollte.

Die Kommandostruktur war kompliziert: Während Hill nur Turner und Spruance unterstand, erhielt der Kommandeur seiner 2. Marinedivision, Generalmajor Julian C. Smith, auch noch von einem dritten Vorgesetzten, nämlich Holland M. Smith, die Befehle. Diese Verstrikkung sollte sich denn auch negativ auswirken.

Damals kalkulierte man so: Makin, 160 Kilometer von Tarawa weg, lag näher an den japanischen Luftbasen, so daß die Kampfgruppe Nord eher mit einer Attacke rechnen mußte als Hills Truppe vor Tarawa. Deshalb postierten sich Spruance und Turner, um dichter am vermeintlichen neuralgischen Punkt zu sein, bei Makin. Und genau das war ein Lapsus. Denn: Hill mußte später während der Krisenlage auf Tarawa als Senior-Befehlshaber einsame Entscheidungen treffen, weil schlechte Funkverbindungen zu seinen vorgesetzten Stellen existierten.

Die 2. Marinedivision (Guadalcanal-Veteranen) kam von Neuseeland herauf und übernahm die Hauptaufgabe: Sturm auf Betio, die Schlüsselstellung zum Tarawa-Atoll und die weitere Gilbert-Gruppe.

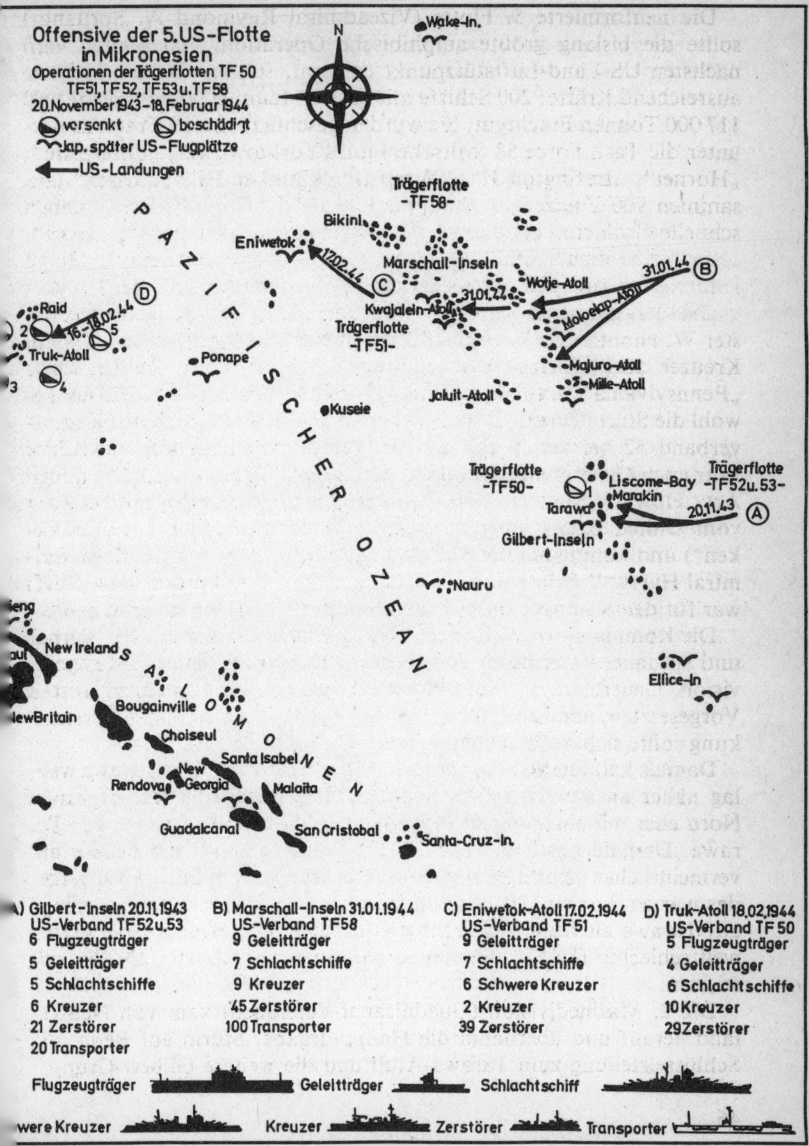

Offensive der 5. US-Flotte in Mikronesien
Operationen der Trägerflotten TF 50 TF51, TF 52, TF 53 u. TF 58
20. November 1943 – 18. Februar 1944
versenkt
beschädigt
Jap. später US-Flugplätze
US-Landungen
N
Wake-In.
Trägerflotte -TF58-
Bikini
Eniwetok
17.02.44
C
Marschall-Inseln
Wotje-Atoll
31.01.44
B
Kwajalein-Atoll
31.01.44
Moloelap-Atoll
Trägerflotte -TF51-
Majuro-Atoll
Mille-Atoll
Jaluit-Atoll
PAZIFISCHER OZEAN
D
Raid
16.–18.02.44
Truk-Atoll
Ponape
Kuseie
Trägerflotte -TF50-
Trägerflotte -TF52 u. 53-
Liscome-Bay
Marakin
Tarawa
20.11.43
A
Gilbert-Inseln
Nauru
Ellice-In
New Ireland
SALOMONEN
Bougainville
NewBritain
Choiseul
Santa Isabel
New Georgia
Rendova
Maloita
Guadalcanal
San Cristobal
Santa-Cruz-In.
A) Gilbert-Inseln 20.11.1943
US-Verband TF 52 u. 53
6 Flugzeugträger
5 Geleitträger
5 Schlachtschiffe
6 Kreuzer
21 Zerstörer
20 Transporter
B) Marschall-Inseln 31.01.1944
US-Verband TF58
9 Geleitträger
7 Schlachtschiffe
9 Kreuzer
45 Zerstörer
100 Transporter
C) Eniwetok-Atoll 17.02.1944
US-Verband TF 51
9 Geleitträger
7 Schlachtschiffe
6 Schwere Kreuzer
2 Kreuzer
39 Zerstörer
D) Truk-Atoll 18.02.1944
US-Verband TF 50
5 Flugzeugträger
4 Geleitträger
6 Schlachtschiffe
10 Kreuzer
29 Zerstörer
Flugzeugträger
Geleitträger
Schlachtschiff
Kreuzer
Zerstörer
Transporter

Die 27. Infanteriedivision wurde von Hawaii antransportiert, sollte mit einer Regimentsgruppe Makin überrennen und mit dem Rest eine schwimmende Reserve bilden.

Dem D-Tag (20. November 1943) gingen massive Angriffe von Träger- und landgestützten Flugzeugen auf die Gilbert-Inseln und umliegende Feindpositionen voraus. Die Bombardements gegen die Salomonen und Rabaul (Slogan: „Ständiges Ärgernis“ auf Neubritannien) bewirkten schließlich, daß der Gegner im November 1943 im Marshall- und Gilbert-Bereich nur noch 46 Flugzeuge und keinen Träger mehr aufzubieten vermochte.

Ursprünglich wollte der „Cincpac“ („Commander in Chief Pacific“ = Nimitz) das stark befestigte Nauru nehmen, ließ es dann aber nur von Bombern und Schiffsgeschützen ausschalten.

Die Amerikaner vermuteten, daß der Gegner spätestens drei Tage nach der Landung mit der Luftwaffe und U-Booten angreifen würde. Deshalb „stimmte man überein, daß die Gilbert-Inseln in größter Eile zu nehmen“ seien, ehe die „grauen Wölfe“ auf die Transporter einhauen konnten. Vor allem mußte Betio schnell fallen, damit der Flugplatz benutzt und die Landungsflotte aus dem Gefahrenbereich gezogen werden konnte.

Die Führungsspitzen waren zuversichtlich; schließlich vermittelte ja die gewaltige Armada berechtigten Optimismus. So sagte zum Beispiel Konteradmiral Howard F. Kingman, dem die Geschützfeuer-Unterstützungsgruppe der Marine („Fire Support Unit“) unterstand, in einer Lagebesprechung den Offizieren der 2. Marinedivision: „Wir werden die Verteidigungsanlagen von Betio nicht neutralisieren, wir werden sie nicht zerstören – wir werden sie ausradieren.“ Fürwahr, starke Worte – und verfrüht.

Der Divisionskommandeur Julian C. Smith sah da die Sache weit realistischer: „Gentlemen, vergessen Sie eines nicht. Wenn die Marines landen und dem Feind mit dem Bajonett gegenüberstehen, haben sie keine andere Panzerung als ihre Khaki-Hemden.“

Im Krieg sind starke Worte üblich. Auch Konteradmiral Keiji Shibasaki sprach sie, als er damit prahlte, die Amerikaner würden Tarawa auch mit einer Million Mann in hundert Jahren nicht nehmen.

Gewiß, er verfügte auf Tarawa über 5836 Männer: Koreaner (kaum bewaffnet) 1000; 7. Sasebo-Speziallandungsverband der Marine (fälschlich als „Marineinfanterie“ bezeichnet) 1497 Soldaten; 3. Stützpunkt-Spezialverband mit 1122 Mann; 111. Pionier-Bau-Einheit (1247); 4. Marine-Pionier-Einheit (970). Hinzu kamen noch 400 Mann vom Flugplatz-Bodenpersonal.

Auf Makin erwarteten 800, in Apamama nur 20 Japaner den Gegner.

Kapitänleutnant Kichi Yoshuyo kündigte ihn an. Nach einem 600-Meilen-Patrouillenflug rief er über Funk: „Feindmeldung ... Flottenverband gesichtet ... verschiedene Träger und andere Typen, zu zahlreich, um sie aufzuzählen."

Bald waren auch die Stützpunkte auf Kwajalein, Truk und auch Tokio verständigt. Das Ziel war klar: die Gilbert-Inseln. Auf Tarawa befahl Shibasaki seinen Elitekriegern: „Bis zum letzten Mann verteidigen ... Feind am Inselrand vernichten!"

Die Landungsflotte fuhr nachts in Angriffsposition. Dann schrillten die Bootsmannspfeifen – „Alle Boote ab!" Das war am 20. November 1943 um 3.55 Uhr: 20 Transporter und Materialfrachter lagen bereit. Marineinfanteristen krochen die außenbords angebrachten Taunetze hinunter in die Landungsboote. Jeder „Marine" hatte „drei Einheiten K-Rationen, zwei Feldflaschen mit Wasser sowie Rasierzeug, Zahnbürste und Löffel" bei sich (so die offizielle Version).

Am D-Tag, einem Samstag, gab ein Signalgast um 5 Uhr ein Blinkzeichen: Auf Betio brach die Hölle los. Vom Südufer zischten rote Leuchtkugeln in den Himmel; zwei Geschütze beschossen die „Maryland". Wasserfontänen gingen hoch, Granaten fauchten um die Schiffe, die das Feuer erwiderten. Das noch im Dämmerdunkel schwimmende Ziel wurde von Abschußblitzen erhellt.

Nun stellte sich auch heraus, daß die Transportfahrzeuge, die schon zu Anfang eine falsche Position, nämlich zu dicht vor der Feindartillerie, bezogen hatten, neue Plätze beziehen mußten, während die halbbeladenen Landungsboote und Amphibienfahrzeuge hinterherzockelten. Erst nach ziemlichem Wirrwarr konnten die Sturmtruppen mit Armtraks zur Lagunen-Einfahrt gelangen. (Später suchte man diese Navigationsfehler auszumerzen, doch auch an der Normandie, im Juni 1944, wurden noch Einheiten total falsch abgesetzt.)

Die „Maryland"-Geschütze schalteten eine Feindbatterie aus, dann keilten noch andere Kanonen in die Insel, indes Trägerstaffeln der „Essex", „Bunker Hill" und „Independence" Angriffe flogen.

Der Marinehistoriker Morison schreibt dazu: „Man hatte erwartet, daß ein zweieinhalbstündiges Geschützfeuer von drei Schlachtschiffen, vier Kreuzern und verschiedenen Zerstörern, die ungefähr 3000 Tonnen Schiffsgeschützgranaten ausspien, die Uferverteidigungsanlagen von Betio ausschalten und die Verteidiger betäuben und ‚groggy' schlagen werde. Dies aber erwies sich als völlige Fehleinschätzung."

Die Insel Betio, Teil des Tarawa-Atolls, ragt an keiner Stelle mehr als drei Meter aus der Wasseroberfläche hervor, ist etwa 3000 Meter lang und 450 bis 550 Meter breit und im Südostteil spitz zulaufend. Das Eiland wird von einer weißen Brandung gerahmt, die über ein Korallenriff hinwegschäumt, und am Nordstrand glänzen die stillen, blaugrünen Spiegel der Lagune vor dem Tarawa-Atoll. Und hier, in diesem knapp zwei Quadratkilometer großen Südseeparadies, sollten bald 5500 Menschen sterben!

Als erste pflügten die Minenräumboote „Requisit“ und „Pursuit“ los: Suchleine ausgefahren, akustisches Suchgerät eingestellt. Sie tukkerten mutig in die Passage und die Lagune hinein und schossen mit ihren 3-Zoll-Kanonen. Rauchpilze wuchsen am Ufer hoch. Und im Kielwasser, mit gischtenden Bugwellen („Knochen im Maul“ sagen die Seeleute) rauschten die schnittigen Zerstörer „Ringgold“ und „Dashiell“ hinterher, glitten mit Not gerade noch mit den Kielen über die Korallenbänke hinweg, als auch schon grelle Abschüsse fielen. Die Japaner droschen auf die „Konservenbüchsen“, dünnhäutige Dinger, ein.

Um 7.11 Uhr schlug ein 5-Zoll-Geschoß der „Ringgold“ am Maschinenraum ein Loch: zum Glück ein Blindgänger. Der nächste Treffer (wieder eine Niete) rasierte die vordere Torpedo-Abschußvorrichtung weg, fuhr durch das Krankenrevier und landete im Funkraum. Der Zerstörer aber schoß tapfer zurück.

Dicht hinter den „Bahnmachern“ schnauften die Wellen der Landungsboote einher. Oberst David Shoup vom 2. Marineinfanterie-Regiment fächerte drei Einheiten gegen das Ufer aus: II. Bataillon (Major Henry P. Crowe) lief „Beach Red 3“ (östlich des langen Piers am Nordufer von Betio) an; das Bataillon von Oberstleutnant Herbert Amey hatte im Westteil des Piers auf „Beach Red 2“ anzukommen; dem III. Bataillon (Major John F. Schoettel) war „Beach Red 1“ am Westufer der Insel zugewiesen worden. Major Wood B. Kyle bildete mit seinem I. Bataillon die Reserve.

Die Amphibienfahrzeuge (Armtraks und Dukws) pullerten über die Korallenriffe, quirlten im seichten Wasser und krebsten zu den vorgegebenen Landezonen empor, während Salven die Lagune umwühlten und Feindgeschosse von den Stahlwänden der Fahrzeuge als Querschläger davonjaulten. Die Japaner schlugen voll zu. Gut verschanzt in eisenharten Kokosnußholz-Unterständen und Betonbunkern, wehrten sich des Kaisers Krieger tapfer. Sie hielten in die Phalanx der heranschaukelnden Higgins (Landungsboote) und erschlugen schon etliche Marines, noch ehe sie einen Zeh auf die Insel gesetzt hatten.

Die ersten Landungswellen (Armtraks des II. Bataillons und der 8. Marineinfanterie unter Crowe) erklommen östlich des Piers das Ufer. Sie kamen noch glimpflich davon: wenig Verluste. Dafür war drüben bei Red 1 und 2 der Teufel los. Armtraks und Dukws gerieten in die Schlagmühle der Feindartillerie, erwischten Volltreffer. Blut färbte das Wasser. Haie tobten, ließen die See kochen. Mit schuld war die Navy: Sie hatte das Geschützfeuer zu früh vorverlegt, die Sturmspitzen kamen zu spät an, und nun rannten die Marines, nur mit dem Khaki-Hemd „gepanzert", gegen trefflich getarnte Kampfstände und Betonfestungen an. Es war genau 9.22 Uhr. Im überlappenden Feindfeuer starben die Marinefüsiliere wie die Fliegen: Beach 1 und 2 färbte das Blut rot. Was für ein Jammer: Amphibienwagen verfingen sich in Uferfallen, gingen in Minendetonationen mitsamt ihrer Menschenladung unter, und viele Männer, die sich aus den „Stahlsärgen" schwangen, fielen tot in die granatengepeitschte Flut, wurden zum Opfer der Hai-Schulen, deren Rückenflossen rasiermessergleich die See aufschlitzten.

Im Westsektor des Piers, über die Haufen der gefallenen Kameraden hinweg, im Abschnitt „Red 1 und 2", bissen sich einige Marines vor dem Bunker der Uferbarrikade fest, hielten verzweifelt aus.

Gegen 10.00 Uhr bekamen Admiral Hill und General Smith diese Hiobsbotschaften: „Starke Gegenwehr" (von Beach Red 3); „Treffen auf starken Widerstand" (meldete Beach Red 2); „Boote auf Riff gelaufen, rechte Flanke Red 1, befinden uns im Waser unter heftigem Beschuß", und später: „Wir haben nichts mehr zu landen" (das verkündete Beach Red 1).

Was war geschehen? Betios sandigen Strand schützte, 250 bis 750 Meter davor, ein ringförmiges Korallenriff. Dadurch waren Ebbe und Flut unkalkulierbar. Erfahrungswerte lieferten Briten und Neuseeländer, die (angeblich) die Insel kannten; genaue Seekarten des Gebietes gab es nicht. Aber auch die Experten hauten daneben. Der eine ließ wissen, daß am D-Tag zwei Meter Wasser über dem Riff stehen würden, was ausgereicht hätte, daß die Armtraks ans Ufer fanden; der andere beschwor, für den Angriffstag höchstens 90 Zentimeter Wasserstand über der Barriere prophezeien zu können – zu wenig für Higgins und Amphibienfahrzeuge. Absurd, darauf das Wohl und Wehe einer Invasion aufzubauen. Dabei war es Voraussetzung, ein paar Boote an Land zu kriegen, um für die nachziehende Truppe dort einen „Halteanker" zu schaffen.

Zwar hatte die Marineinfanterie Schwierigkeiten geahnt und einen

„Pendelverkehr“ mit Amphibienfahrzeugen zwischen Booten und Ufer vorgeschlagen. Doch es fehlte am Material. Diese alligatorähnlichen Vehikel, aus den Fahrzeugen in den Everglades (Sumpfgebiete in Florida) hervorgegangen, waren rar. Was aufzutreiben war, reichte gerade für die Sturmspitzen. So tuckerten denn erst mal zehn los, fünfundzwanzig blieben in Reserve. Die folgenden Wellen (für ein Landungsunternehmen besonders wichtig, um die Landeköpfe zu sichern) tuckerten nun in LCVPs (Landing-Craft-Vehicle-Personal = Fahrzeug- und Mannschaftsboot) bis zum Riff, wurden in Armtraks umgeladen und ans Ufer geschippert. Und das Wasser stand nervtötend niedrig über den Korallen. Und die Japaner hämmerten hinein. Es gab Staus, Tote, Verwundete. Die Folgewellen prallten voll ins Chaos, vergrößerten die Schrotthaufen, und die Füsiliere gingen zu Fuß los, vom mörderischen Feuer eingegabelt. Klar: Der Angriff büßte sofort an Schwung ein.

Auch die vierte Welle mit LCVPs, bestückt mit 37-mm-Kanonen, hakte am Saumriff ein, hing fest; sie lief zurück und wartete darauf, daß die Flut stieg.

Die fünfte Welle mit Panzern, die drüben dringend gebraucht wurden, schaukelte heran, lud die Kampfwagen von den LSTs ins ein Meter tiefe Wasser ab, und als sie lostuckerten, landeten viele in Korallenhöhlen, fanden überhaupt keinen Grund oder wurden vom Granatfeuer zerschlagen, beschädigt.

Oberstleutnant Alexander B. Swenceski, Bataillonsführer, schwer verwundet, erkroch einen Haufen gefallener Soldaten, „um nicht zu ertrinken“, und wurde Stunden später bewußtlos aufgefunden.

Gegen 11.00 Uhr gelangte Oberst David M. Shoup, der die 2. Marineinfanterie und die Sturmtruppe führte, durch hüfthohes Wasser watend endlich zum brennenden Pier. Neben ihm stampfte ein Feldwebel mit einem Funkgerät, das Shoup sofort einsetzte. Es sah böse aus. Bis jetzt waren zwei Landungsboote und zwanzig Armtraks, voll mit Toten und Verwundeten, im Riff hängengeblieben: Zielscheiben für den Feind. Die Todesschreie verröchelten im Trommelfeuer. Viele Leichen schaukelten in der Brandungswoge. Tornister, Helme, Waffen und weggespültes Zeug drapierten den Ufersand. Olivfarbene Schrotthaufen, ehemals Amphibienwagen, deformierte Kanonen und verschüttete Nachschubgüter ragten als surrealistische Gebilde aus der Flut. Auch die neuankommenden Landungsboote gerieten ins Feuer. Eine japanische Pak hielt voll hinein, als die Rampen fielen. Taumelnde Menschenhaufen suchten wegzukommen, warfen sich in die See, und wieder starben viele Marines.

Über Funk forderte Shoup „jede mögliche Feuerunterstützung“ an, und er bekam sie. Bald versank Betio unter einem Rauchgebirge. Trotzdem schossen die Verteidiger zurück und behinderten den Nachschub. Aber noch vor Mittag gelang es, Shoups Regimentsreserve nach Beach Red 2 zu schaffen. Und als Smith ihm auch noch die halbe Divisionsreserve überließ, schickte er sie nach Red 3 hinüber; die andere Hälfte der Reserve, schon in den Booten, sollte später folgen, doch wegen der defekten Nachrichtenverbindung vergingen darüber Stunden.

Das seichte Wasser forderte ständig neue Opfer. Fast alle Landungsboote knallten ins Riff, kamen nicht mehr frei, und nun mußten auch die Reserven waten. Durch bauchhohes Wasser, 650 Meter weit, die Waffen über den Köpfen haltend, stapften die Männer los. Manche sackten mit dem schweren Zeug wie Steine weg, ertranken. Andere erschlug eine Granate. Der Gang zum Ufer wurde zur Passion. Nur wenige Reserveleute kamen durch, einige verwundet, fast alle ohne Waffen.

Mittags war das Chaos perfekt: keine Übersicht, niemand kannte die Lage, durcheinandergeratene Einheiten, dezimierte Kompanien, miserable Nachrichtenverbindungen, unbekannte Verlustzahlen, Berge von Schrott. Auf dem Flaggschiff „Maryland“ klappte die Fernmeldeeinrichtung nicht, weil die schweren Geschütze pausenlos hämmerten und die Instrumente erschütterten. So bekamen Smith und Hill nur die Meldungen eines Wasserflugzeugs, das über Betio seine Runden zog. Drüben bei den Transportern kurvten viele Landungsfahrzeuge, seit dem frühen Morgen schon beladen, umher und konnten im Niedrigwasser nicht losfahren; sie drehten schließlich bei.

Etwa 1500 Marinefüsiliere waren diesem Fegefeuer entronnen, krallten sich in die Palmenstümpfe und Korallenblöcke und versuchten, einen Landekopf zu bilden. Es war ein zusammengewürfelter Haufen, kaum Offiziere, was sich da zusammenfand und im Ufersaum festbiß. Auch Reste des II. Bataillons vom 2. Regiment gehörten dazu; der Kommandeur Amey war tot. Nun übernahm Oberst Walter I. Jordan das „Häuflein“ und meldete Shoup: „Wir brauchen Hilfe. Lage schlecht.“ Doch der war nicht besser dran.

Schließlich gelang es, fünf Bataillonsreste und vier mittlere Panzer auf die Insel zu schaffen, die von Red 1 aus den Marines eine dreißig Meter tiefe Bresche in die Feindstellung am Südufer schlugen. Dann flog der Spitzenwagen in die Luft, die drei anderen Panzer blieben im Pak-Beschuß defekt liegen.

13.30 Uhr, vier Stunden nach der ersten Landung. Divisionskommandeur Julian C. Smith forderte über Funk von der „Maryland" aus von „Howling Mad" Smith auf der weit weg stehenden „Pennsylvania" die Freigabe der Korpsreserve mit dem Zusatz: „Ausgang zweifelhaft."

Auf der Insel ging das blutige Ringen weiter. Meterlang. Mit Handgranaten, Ladungen, Bajonett, Kolben und Pistole. Mann gegen Mann. Keiner gab Pardon. Hitze knallte herunter. Blut versickerte im Boden. Verwundete stöhnten. Bunker barsten. Geschoßgarben zirpten im Fels. Flammenwerfer leckten mit schwarzgelben Feuerzungen in Deckungslöcher und Kampfstände. Der Tod schwang seine Sense.

Es half nicht viel, daß die Zerstörer „Ringgold" und „Dashiell" mit ihren 5-Zoll-Geschützen herüberkeilten und sich die Widerstandsblökke vornahmen; sie schafften den Infanteristen nur Zentimetergewinne. Denn: Betio war ein Festungswerk aus über 200 Stützpunkten und bestückt mit 200 Geschützen. Ein Grabenlabyrinth verband die Stützpunkte. Hinter der Wasserlinie waren Sperren aus Kokosholz aufgerichtet, und am Ufersaum, in Betonunterständen, lauerten die MG-Schützen. Kanonen reckten ihre Rohre aus gut getarnten, mit Sandauflagen versehenen und durch Betonwände bewehrten Balkenverschlägen. Sogar eingegrabene Panzer sicherten die Uferregion. Die Bunker, fast erdgleich aus Beton, Wellblech, Holzstämmen und Sandaufwürfen gefügt, waren durch ein Aderwerk von Stollen, Gräben und Sappen eingesponnen. Überall lauerten Scharfschützen; sie banden sich an geköpften Palmen fest, kauerten hinter Sandhaufen und Felsbrocken; diese „snipers" schickten etliche Amerikaner in den Tod. Jeder frische Anlauf gegen diese ausgeklügelte Zitadelle wurde zum Opfergang.

Bei Tageslicht arbeiteten und kämpften sich die Marineinfanteristen durch die Hitze zu zweit und zu dritt ans Ufer hinan. Im Abwehrfeuer zerbröselten die Bataillone und Kompanien wie nichts. Der Strand war voll von Toten und Waffen und Gerät. Sanitäter und Ärzte flitzten umher, bargen die Verwundeten, legten Notverbände an, hantierten mit Blutplasma; die Flaschen hingen an Gewehren, die mit dem Lauf im Sand steckten. Mit Gummiflößen versuchte man, die Blessierten zum Riff zu bringen, aber nicht jede Fuhre kam drüben an. Und die Haie gierten nach den Opfern.

Staunenswert: Trotz der Mühsal und Ausfälle war bis Nachtanbruch ein dünnes Perimeter, 630 Meter lang, bei Red 1 und 2 quer zum Pier errichtet worden; Stoßtrupps trieben es an einigen Stellen tiefer vor. Auch am Westufer von Betio, „Grüner Strand“ genannt, wuchs ein zweiter Landekopf. Nachts schleppten Kanoniere ihre zerlegten 75-mm-Geschütze heran, montierten die Teile und bezogen Stellung. Verstärkungen pirschten sich über Lagune und Riff hinweg nach Betio herein. Nachschub sickerte nach vorn. Um Mitternacht lagen rund 5000 Marines auf der Insel, 1500 davon waren tot oder verwundet. Wenn jetzt ein Gegenstoß erfolgte ... Doch nichts geschah. Warum griff Shibasaki nicht an? Man nimmt an, daß sein Führungsapparat nicht mehr funktionierte, denn im massiven Beschuß waren die Nachrichtenmittel zerstört worden, so daß eine zentrale Lenkung unmöglich wurde. (Shibasaki fiel am zweiten Tag auf Betio.)

Am D-Tag plus 1 (21. November) lief es nicht besser. Endlich erreichte die Divisionsreserve – seit 20 Stunden in den Booten – der Sturmbefehl. Doch sie kam nicht weit. In der Nacht waren japanische Kommandos wieder zum Pier mit den demolierten Booten und Armtraks vorgedrungen und hatten sich dort verschanzt. Artillerie, Mörser und Flugzeuge droschen auf die anrückende US-Reserve ein, die in fünf Stunden so viele Männer verlor wie die Sturmtruppen am ersten Tag zusammen.

Am Nachmittag boxten sich Männer vom 6. Regiment (Korpsreserve) über den Flugplatz ans Südufer von Betio durch. Eigene Artillerie gab von der Nachbarinsel Bairiki aus Feuerschutz. Inzwischen stieg auch das Wasser. Boote passierten die Riffe und kamen ans Ufer. So lieferte Shoup aus seinem Sandloch neben einem japanischen noch besetzten Bunker einen ersten zuversichtlichen Report: „Viele Verluste, Prozentsatz an Gefallenen unbekannt, Kampfleistung: Wir gewinnen. Shoup.“

Es stimmte: Betio war in zwei Hälften gespalten, die Landeköpfe waren erweitert, Verstärkungen rollten heran, Verwundete kamen weg.

22. November. Die Verteidiger setzten die letzte Funkmeldung ab: „Unsere Waffen sind zerstört, und von nun an versucht jeder Mann mit dem letzten Angriff fertig zu werden. Möge Japan zehntausend Jahre bestehen.“

Ein neues Gemetzel begann. Nahkämpfe. Mörderische Hitze. Hauen. Stechen. Schießen. Loch um Loch, Graben um Graben mußten gesprengt, aufgerollt, gestürmt werden. Und Tote fielen zu den Toten. Panzer und Pak setzten ihre Rasanzgeschosse in die Feinddeckungen. Ladungen witschten in Bunkerscharten. Flammenwerferlunten sengten in Fuchslöcher. MPi-Garben holten snipers von den Bäumen, MG-Salven mähten entlang.

Am Abend hielten die Marines den Ostrand des Flugplatzes. Noch wehrten sich genug Feindnester, so daß Julian Smith nach oben meldete: „... weit davon entfernt, auf eine schnelle Säuberung der Insel zu hoffen." Er behielt recht, denn nachts unternahmen die Japaner einen „Banzai". Mit Bajonetten, Handgranaten, Säbeln. Wild schreiend fegten einzelne Gruppen heran, stürzten sich auf die Amerikaner. Handgemenge überall. Raketen zerfetzten das Dunkel. Lärm schlug aufs Meer hinaus.

Der Schwerpunkt des Banzais lag bei der 2. Kompanie, I. Bataillon, 6. Marineinfanterie. Die Männer wehrten sich verzweifelt, eine andere Schützeneinheit half aus. Mörser, Artillerie und MGs rissen Lücken in die anrennenden Haufen, und die noch Lebenden stampften schreiend über die Gefallenen und Verwundeten hinweg. Aber nicht mehr viele brachen in die Front ein, stachen blindwütig zu – fielen. Der Banzai verging wie ein Spuk.

Am 23. November (D-plus 3), um 13.12 Uhr, galt Betio als genommen und gesichert. Nur das II. Bataillon (6. Regiment) hatte noch eine Aufgabe: den letzten Bunker hochjagen; er hatte Bomben und Granaten widerstanden. Und mittags fiel das erste Trägerflugzeug auf dem Betio-Rollfeld ein, den die „Seabees" (Bautruppe) instand gesetzt hatten.

An diesem Dreiundzwanzigsten war die Schlacht um Betio-Tarawa (sie hatte 75 Stunden und 42 Minuten gedauert und gilt als „die bitterste in der Geschichte des Marineinfanteriekorps") zu Ende. Die Verluste waren hoch: 1115 Marineinfanteristen und 35 Seeleute gefallen, vermißt oder den Verwundungen erlegen; 2309 Männer verwundet; 90 Amphibienfahrzeuge zerstört, 323 Mann Bedienungspersonal getötet, verwundet, vermißt.

Die Japaner verloren 4700 Soldaten; 1 Offizier, 16 Unterführer und 129 koreanische Zwangsarbeiter ergaben sich.

Tarawa war ein bitterer Sieg und nahe daran, in ein Fiasko umzuschlagen. Die enorm hohen Ausfälle führten schon nach dem ersten Kampftag zu Querelen in den Stäben. Denn: Ein energischer Gegenangriff Shibasakis hätte die noch schwachen Kräfte auf Betio unweigerlich ins Meer geworfen und eine Katastrophe heraufbeschworen. Deshalb wurde der OB Spruance wiederholt aufgefordert, das Gemetzel zu beenden. Doch der sperrte sich strikt dagegen, die Operation abzubrechen. Und er sollte recht behalten. Hatte er nicht alles Erdenkliche getan? Flugzeuge und Schiffe hatten in drei Tagen der Offensivvorbereitung 400 Tonnen Bomben und 2000 Tonnen Granaten in das Atoll gehämmert, und die Luftaufklärer meldeten alle Befestigungen als „zerstört".

Dennoch versetzte der hohe Blutzoll für Tarawa das amerikanische Volk in einen Schock. Hatte es übersehen, daß Siege im Krieg Blutpreise verlangen?

Aber auch auf See starben Amerikaner. So kamen 53 Offiziere und 591 Matrosen um, als das U-Boot I-175 den Geleitträger „Liscome Bay" versenkte.

Und die Insel Makin forderte auch noch einmal 64 Tote und 150 Verwundete, bis die 165. Kampfgruppe und andere Einheiten der 27. Infanteriedivision 290 Kombattanten und 271 Koreaner auf der Insel Makin warfen. Dazu schrieb Morison: „Die Vereinigten Staaten hatten, wenn man die Stärke der feindlichen Verteidigungsstreitmacht bedenkt, für Makin einen relativ höheren Preis zu zahlen als für Tarawa." Doch wie stets zählen absolute Daten mehr als relative.

Mit der Insel Apamama hatten die Amerikaner ausgesprochenes Pech, obwohl dort nur 20 Japaner mit einer veralteten Kanone saßen. Das kam so: Das große U-Boot „Nautilus" (Haines) nahm 78 Marines an Bord und tuckerte los. Doch der Navigator verfranzte sich gehörig, und so geriet das Tauchboot vor die Rohre der amerikanischen Tarawa-Gruppe. In der Meinung, ein Feindfahrzeug vor sich zu haben, bolzten nun die Schiffsgeschütze drauflos und ignorierten die verzweifelt in den Himmel geschickten Raketen-Erkennungssignale. Schließlich nahm die am Turm getroffene „Nautilus" viel Wasser über, tauchte aber trotzdem weg und kroch in hundert Metern Tiefe davon, während die oben kreuzenden Zerstörer Wasserbomben warfen, dann aber aufgaben. Trotz dieser Umstände fand die lahmgeschossene „Nautilus" dann doch den richtigen Kurs und lud ihre Menschenfracht im Zielpunkt ab. Den Marines war das auch noch lieber, obwohl sie nicht wußten, was auf sie zukam, als in dem Stahlkasten die krepierenden Wasserbomben zu zählen.

Wider Erwarten focht der Posten (20 Soldaten, zwei alte Kanonen) verdammt zäh. Besonders ein Geschütz machte den Amerikanern schwer zu schaffen; die „Nautilus" brachte es erst nach 75 Direktschüssen zum Schweigen.

Alles in allem hätten die Verluste der Amerikaner noch weit höher ausfallen können. Daß es nicht geschah, lag einfach an der japanischen Fehlkalkulation. Admiral Mineichi Koga, Oberkommandierender der Vereinigten Japanischen Flotte, hatte sich um drei Wochen verrechnet. Aufgrund von Funkmeldungen im September und Oktober mußte er eine Invasion in der Marshall-Gruppe erwarten und disponierte auch entsprechend. Und als dann nichts passierte, flog er nach Truk zurück, hob den Alarmbefehl für die Marshall-Garnison auf und schickte drei Träger mit 173 Flugzeugen nach Rabaul. Als es dann in den Gilbert-Atollen losging, hatte Koga seine stärksten Kräfte in exponierten Positionen stehen.

Für die Amerikaner lieferte die „Operation Galvanic" wieder Lehr- und Lernmaterial: Die bewährten Armtraks wurden nun in hohen Stückzahlen hergestellt; das UDT (Underwater Demolition Team = Unterwassersprengkommando) wurde verbessert und fortan zur ständigen Landeeinrichtung; salzwassergefährdete Funkgeräte wurden abgedichtet; Fernmeldeverbindungen erfuhren einige Neuerungen; die Logistik (Versorgung) wurde überholt; die Feuervorbereitung konnte wirksamer gestaltet werden; dem Aufklärerdienst kam höhere Effizienz zu ...

Bald hoben US-Flugzeuge von der Piste „Hawkins Field" auf Tarawa ab. Auch in Makin und Apamama arbeiteten Pioniere am Rollfeldbau, denn nun waren die Marshall-Inseln und die Seezitadelle Truk (Karolinen) in den Aktionsbereich der Air Force gerückt. Schon im Dezember 1943 warfen Trägermaschinen Bomben auf Kwajalein und Eniwetok in der Marshall-Gruppe. Dabei wurden zwei Kreuzer beschädigt und drei Frachter versenkt. Aber die Japaner revanchierten sich und flogen nachts mit Torpedo-Flugzeugen eine Attacke. Der US-Träger „Lexington" bekam etwas ab und schleppte sich mit 20 Knoten Fahrt nach Pearl Harbor in die Werft.

Dann schlugen die Amerikaner wieder zu. Ende 1943 setzte ein US-U-Boot einen Torpedo auf den Schlachtschiffriesen „Yamato" an, doch der Schaden blieb sehr gering.

Das Gilbert-Unternehmen war ein neuer, blutiger Meilenstein auf dem Weg nach Japan, und viele sollten ihm noch folgen.

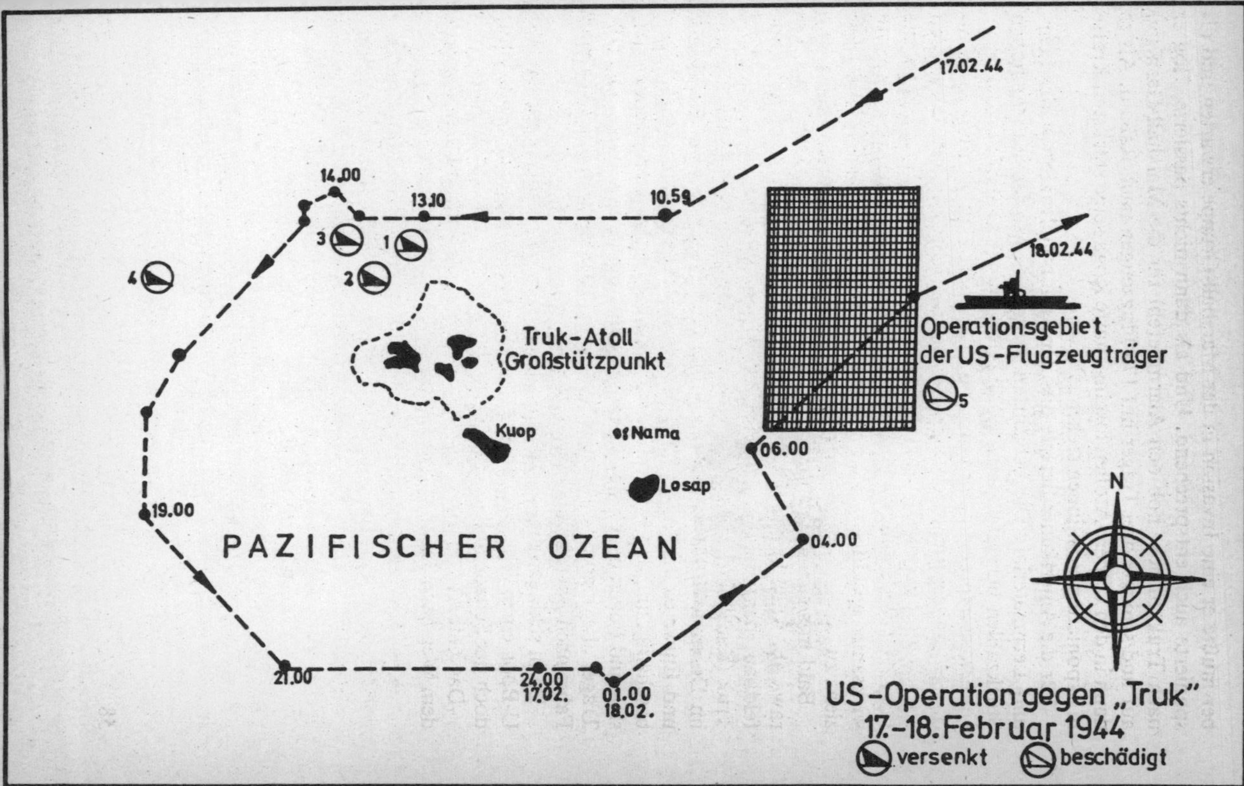

Nr. 1180 g Hugo Hamann, Kiel 80/85

Marshall-Inseln

Die Marshall-Inseln bedecken eine Fläche von 700 mal 300 sm und teilen sich in die Rata-Gruppe rechts und die Ralik-Gruppe links. Im Jahre 1885 von den Deutschen annektiert, dann unter japanischem Mandat, leben dort Mikronesier vom Fischfang und der Kopra-(Kokosnuß-)gewinnung. Der ganze Komplex umfaßt 33 größere und 300 kleinere Inseln, auf denen die Japaner Befestigungen und Rollfelder angelegt hatten. Kwajalein, das größte Atoll der Welt, mißt zirka 100 mal 30 Kilometer. Auf Jaluit, Maleolap, Mille und Kwajalein gab es Flugplätze. Die Japaner rechneten mit einem Angriff im vorderen Atoll-Bereich bei Jaluit-Mille. Das Kaiserliche Hauptquartier hatte deshalb den sogenannten „Z-Plan" herausgegeben: Zusammenwirken von zwölf befestigten Inseln, der dort stationierten Marineluftwaffe (120 Flugzeuge) und der Flotte in Truk. Doch die Verluste im Sommer 1943 machten diesen Plan zunichte. Die Marshalls mußten sich schließlich mit eigenen Mitteln verteidigen.

Die Amerikaner bombten seit Dezember 1943 mit der 13. Air Force die Inseln Wojte und Roi und schlugen dann 300 Meilen weiter hinten zu – auf Kwajalein. Die Operation „Flintlock" sah zwei Angriffe vor: 4. Marinedivision, 15. Marine-Defense-Batallion sowie Spezialeinheiten sollten im Norden auf Roi-Namur landen; 7. Infanteriedivision (sie kämpfte auf den Alëuten), verstärkt durch das 3. und 4. Defense-Batallion, war 64 Kilometer südlicher auf die Insel Ebeye-Kwajalein angesetzt. D-Tag war der 31. 1. 1944. Tags vorher hatten Kommandos die vorgelagerten Inseln Enubuj und Ennylobegan zu nehmen. Ab Mitte Januar 1944 stellte sich die 5. Flotte (Admiral Raymond A. Spruance) bereit: vier Trägergruppen der Task Force 58, acht schnelle und sieben alte Schlachtschiffe (Admiral Richard L. Conolly), Kreuzer und Zerstörer. Die Landungsflotte, Task Force 52, führte Admiral Richmond K. Turner. Das U-Boot-Geschwader unterstand Admiral Charles A. Lockwood. General Holland M. Smith sollte mit dem V. Amphibischen Korps (64000 Mann) die Insel stürmen.

Am 29. 1. 1944 bombten Trägerstaffeln alle Rollfelder im Archipel und zerstörten viele Feindmaschinen. Für die Flotte fand sich auf dem Majuro-Atoll, wo eine japanische Wacheinheit überrumpelt worden war, ein ausgezeichneter Standort.

31. 1. 1944. Die alten Schlachtschiffe (Conolly) begannen mit dem

Feuerschlag gegen Ebeye und Kwajalein, nachdem einen Tag vorher Teile der 7. Infanteriedivision Ennylobegan und Enubuj besetzt hatten. Die Schiffe „Mississippi“ und „Pennsylvania“, für Spezialaufgaben geeignet, fuhren vor und zerhämmerten ihre Ziele auf 1500 Meter Entfernung. Absicht war diesmal nicht, auf den Außenküsten der Atolle zu landen, wo der Gegner wartete, sondern Passagen aufzureißen und dann von innen her zu stürmen.

Unter der Feuerglocke der Schlachtschiffe gingen Infanterie-Bataillone auf unbefestigten Inseln an Land und zogen Heeresartillerie nach. Damit konnten die von Japanern gehaltenen Eilande beschossen werden. Gleichzeitig räumten Minensucher Gassen frei, die Beschießungsgruppe lief ein und packte den Gegner im Rücken. Raketenwerfer, Bomber und Artillerie trommelten die Landestreifen meterweise ab, so daß die Sturmtruppen in den Amtraks und Landungsbooten keinen Widerstand vorfanden. Die Insel war wüst zerschlagen: Haustrümmer, tote Japaner, Baumstümpfe. Nur einzelne Kampfstände, im Kanalsystem verschanzte Japaner wehrten sich und wurden mit Flammenwerfern ausgeräuchert. In vier Tagen hatten die Amerikaner Kwajalein erobert, wenig später den Flugplatz in Betrieb. Von 8000 Japanern überlebten nur 300.

Auf Ebeye kamen die Amerikaner erst voran, als Teile der in Reserve gehaltenen 17. Infanteriedivision nachzogen. Auch das Roi-Namur-Atoll im Norden wurde zäh verteidigt. Felsengelände und Höhlen erschwerten den Vormarsch. Es kam zu Nahkämpfen. Panzer konnten nicht eingesetzt werden. Die kampfunerfahrene 4. Marinedivision hatte nur einen Dschungelkurs auf Hawaii absolviert. Dennoch eroberte sie das Atoll in fünf Tagen. Als Nebenaktion sollte auch das Majuro-Atoll, Liegeplatz der japanischen U-Boote, ausgeschaltet werden.

Operation „Flintlock“ hatte 356 Amerikanern das Leben gekostet. Die Japaner verloren 8122 Tote und Verwundete, 264 kamen in Gefangenschaft.

Die vorfristige Beendigung der Kwajalein-Operation machte es Nimitz möglich, die für Mai vorgesehene Invasion der Insel Eniwetok (Bismarck-Archipel, 330 Seemeilen westnordwestlich von Kwajalein) schon am 17. 2. 1944 anlaufen zu lassen, gekoppelt mit Trägerangriffen gegen die starke japanische Flottenbasis Truk in den Karolinen.

Truk

Als Flankenschutz zur Eniwetok-Invasion fuhr Spruance mit der Task Force 38 (Mitscher) gleichzeitig einen Angriff gegen die japanische Seebastion Truk, das „Gibraltar“ in den Karolinen. Dann sollte Mitschers Verband in MacArthurs Kommandobereich bei Neuguinea zur 7. Flotte (Kinkaid) detachiert werden; danach kehrte die Task Force 38 wieder zu Nimitz zurück. Truk war nach Rabaul die stärkste japanische Flottenbasis im Pazifik: großer Hafen, 50000 Mann Besatzung, 200 Flugzeuge. Die Joint Chiefs erwarteten bei einer Invasion hohe Verluste, deshalb sollte Truk (wie Rabaul) nur angegriffen und isoliert werden.

Am 16. 2. 1944 startete die erste Welle (70 Jäger und Jabos) mit dem Auftrag, Feindflugzeuge zu vernichten. Tatsächlich wurden die Japaner überrascht: 70 Maschinen wurden am Boden und 60 in der Luft zerstört; in zwei Tagen verloren sie 300 Flugzeuge.

Um die Feindflotte am Auslaufen zu hindern, schickte Spruance zwei Schlachtschiffe, einige Kreuzer und Zerstörer dicht an die Insel Truk heran. Der Leichte Kreuzer „Katori“ wurde versenkt, später der gleiche Schiffstyp „Naka“ und ein U-Bootjäger. Der Angriff auf Truk, Admiral Kogas Hauptquartier, kostete die Japaner 30 Handelsschiffe (200000 BRT) und zwei Zerstörer, die Amerikaner 25 Flugzeuge. Der Träger „Intrepid“ erhielt einen Torpedotreffer und lief nach Pearl Harbor zurück.

Truk aber, abgeschnitten und ausgeschaltet, büßte seinen Wert als Seefestung weitgehend ein.

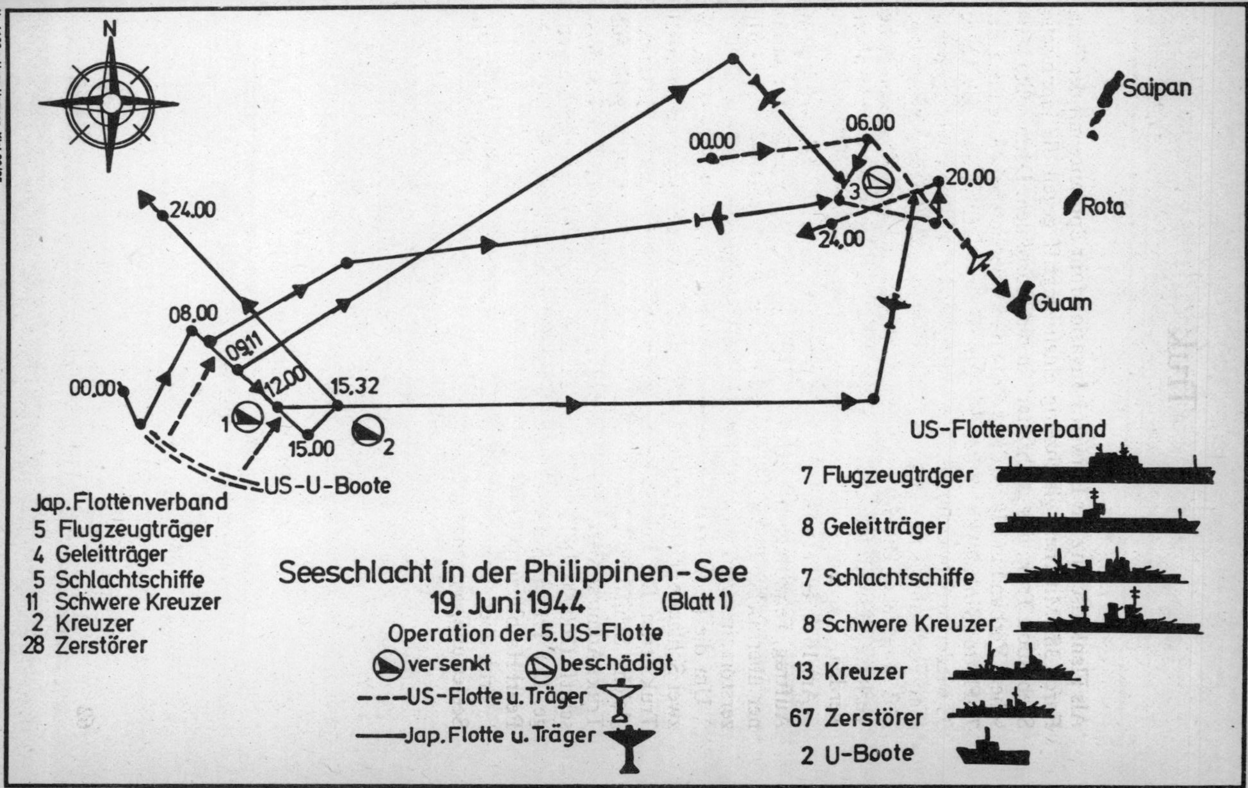

Nr. 1180 g Hugo Hamann, Kiel 80/85

Bismarck-Archipel

Eigentlich sollten die nach der Kwajalein-Invasion (Marshall-Inseln) versammelten Kräfte südwärts zum Bismarck-Archipel stoßen, denn für Mai 1944 war die Eroberung des Atolls Eniwetok, 330 Seemeilen westnordwestlich von Kwajalein, vorgesehen. Der Archipel umfaßt 30 Inseln (Gesamtumfang 70 Seemeilen); ein Schwerpunkt war auch die Insel Egebi mit einer Garnison. Der Angriff auf Eniwetok (3500 Japaner) wurde für den 17. Februar 1944 festgelegt, so daß der Gegner wenig Zeit hatte, seine Abwehr zu verstärken.

Die Invasion lief nach dem Muster von Kwajalein ab: Trägerstaffeln bombten die japanischen Flugfelder, Schlachtschiffe trommelten in die Landestreifen. Unter der Feuerglocke, angeführt von Minensuchern mit ausgefahrenem Gerät, folgten in Kiellinie Zerstörer, Hilfs- und Landungsfahrzeuge durch die Passagen am Südeingang.

Zwar rührte sich die japanische Artillerie nicht, aber es gab plötzlich Minenalarm. Die „Minenschikane" war neu im Pazifikkrieg. Überall war Hektik, Panik. Den Treibminen mußte jedes Schiff selbst ausweichen, bis die Minenräumer sie abgeschossen hatten. Danach lief der Verband weiter zum Strand. Er hatte Glück, denn am nächsten Tag wurden noch 27 Minen in der Einfahrt gefunden und gesprengt.

Doch auch die Amerikaner bedienten sich nunmehr der „Minenschikane". Während der Eniwetok-Operation lief Admiral Spruance 330 Seemeilen hinter den von Truk ausweichenden Japanern her zu den Palau-Inseln. In dieses Atoll führten drei gewundene, seichte Durchfahrten. Deshalb durfte auch bei Fliegeralarm kein Schiff auslaufen, denn ein Havarist sperrte unweigerlich die ganze Passage. Deshalb verholten alle Schiffe gut getarnt ans Ufer. Trotzdem vernichteten die Amerikaner zwei Zerstörer, ein paar Geleiteinheiten und Handelsschiffe, zusammen 100000 Bruttoregistertonnen. Trägermaschinen warfen 80 Magnetminen in die drei Einfahrten, so daß sie durch Sinkschiffe für drei Wochen blockiert wurden.

Am 1. April 1944 ließ Mitscher die Inseln Yap und Ulithi bomben; bei 25 Eigenverlusten konnten 150 Feindmaschinen zerstört werden.

Vor dem Angriff auf Eniwetok hatten Männer vom UDT das Ufer von Hindernissen befreit. Doch die Kämpfe in diesem dicht bewaldeten Gelände wurden schwierig und verlustreich. Die gut verschanzten Japaner unternahmen nachts Gegenstöße und Überfälle. Die Amerikaner setzten Scheinwerfer ein, das half. Nach vier Tagen war Eniwetok genommen, 60 Gegner ließen sich gefangennehmen.

Die Joint Chiefs of Staff waren zufrieden. In knapp einem halben Jahr waren die US-Streitkräfte von den Ellis-Inseln aus um 1200 Seemeilen und damit die halbe Strecke bis Japan vorangekommen – allerdings die leichtere!

Admiralitätsinseln

Bei der Absicht der US-Strategen, Rabaul zu isolieren, fiel den Admiralitäts-Inseln eine besondere Rolle zu, denn sie lagen im Rücken der japanischen Seefestung, boten Möglichkeiten des Flugplatzbaus und mit dem Seeadlerhafen auf Manus auch einen brauchbaren Flottenstützpunkt an.

Die Operation gegen die Admiralitäts-Inseln sollte im April 1944 anlaufen, doch MacArthur befahl einen Monat vorher mit der 1. Kavalleriedivision (Mudge) eine Art „Probelandung“ auf der Insel Los Negros. Von ihrem Ablauf wollte er dann seine weiteren Entscheidungen abhängig machen. So brachten am 29. Februar 1944 drei Zerstörer und drei Schnelltransporter tausend Mann der 1. Kavalleriedivision zum Hyäne-Hafen (so hieß das Vermessungsschiff der deutschen Kaiserlichen Marine) und dem Flugplatz Momote auf Los Negros. Nur zwei Leichte Kreuzer und sechs Zerstörer deckten das Landeunternehmen. Konteradmiral Fechteler führte die Marinekräfte, und auf seinem Flaggschiff fuhr auch MacArthur mit.

Wegen schlechten Wetters war das übliche Bombardement der Angriffsstreifen durch die Army Air Force unterblieben, so daß die Landungsverbände sofort in schweres Abwehrfeuer gerieten und Verluste erlitten. Entgegen früheren Erkundungsergebnissen standen auch mehr als 4000 Japaner auf der Insel.

Während noch die US-Zerstörer vergeblich in die Küstenregion keilten, nahmen plötzlich Wolkenbrüche jede Sicht. Im Schutz der Regenwände überrannten nun die Sturmspitzen alle Abwehrpunkte und besetzten anderthalb Stunden später den Flugplatz.

Nach der ersten Welle ging auch MacArthur an Land und zum Flugplatz, der noch unter feindlichem Störfeuer lag.

Angriffe der Japaner gegen das Rollfeld wurden abgewiesen. Am nächsten Morgen trafen 1500 Infanteristen als Verstärkung und ein Bau-Bataillon ein, das sofort die beschädigte Piste reparierte.

MacArthurs eigentliches Angriffsziel war aber Manus, westlich von Los Negros, mit dem Seeadlerhafen; die große, geschützte Reede bot einen idealen Liegeplatz für die Flotte.

Die Japaner hatten hier eine starke Garnison errichtet und großkalibrige Geschütze aufgestellt. Die schossen auch nicht, als US-Kreuzer ein paar Salven hinüberschickten, um die Batteriestellungen auszumachen. Trotzdem: Vor der Landung mußten die gefährlichen schweren Waffen ausgeschaltet werden, um große Verluste zu vermeiden. Aber die Japaner ließen sich partout nicht provozieren. So fuhr denn ein US-Zerstörer dicht ans Ufer hinan und beschoß auf Nahdistanz eine entdeckte Geschützstellung. Nun reagierte der Feind. Zwar verschrammten einige Treffer vom Kaliber 12,7 cm den Zerstörer, doch die Batterie versank dann schnell im konzentrischen Kreuzerbeschuß.

Die Landung konnte also anlaufen. Doch sie wurde wahrlich kein „Spaziergang“, denn die Verteidiger fochten unerwartet hart. Verschiedentlich zapften englisch sprechende Japaner die Telefonleitungen an und schufen kurzfristig ein Chaos in der Befehlsgebung. Dem wurde schnell abgeholfen. Von nun an versahen die sechs divisionsangehörigen Sioux-Indianer den Telefondienst und verständigten sich in ihrem Idiom. Das aber beherrschte kein Japaner.

Am 29. März 1944 war Manus erobert. Der Seeadlerhafen wurde eiligst und großzügig ausgebaut.

Den geplanten Offensivschlag gegen Kavieng mit dem (ähnlich Rabaul) stark befestigten Hafen ließ MacArthur schließlich fallen. Dafür stürmte seine Infanterie am 20. März 1944 das 100 Seemeilen nordwestlich liegende kleine Atoll Emirau; in Verbindung mit den bereits eroberten Green Islands bildete Emirau das letzte Glied in der Einschließungskette um die beiden gewichtigen Feindstützpunkte Rabaul (Neubritannien) und Truk (Karolinen). Sie wurden isoliert. Die Amerikaner dagegen erwarben beste Absprungplätze für die Folgeoperationen im Bereich der Karolinen – Palaus – Westneuguinea.

Die Japaner reagierten auf den Verlust Emiraus mit dem Abzug ihrer Luftwaffe von Rabaul. Aber die Besatzung, rund 100000 Mann der 17. Armee (General Takao Yamagushi) blieb bis Kriegsende ausgeschaltet. Sie wurde nun ständig durch Bomberattacken der 5. Air Force (General George C. Kenney) zermürbt und dezimiert. Vorräte, Felder und Gärten fielen dem abgeregneten Dieselöl und Napalm zum Opfer. Im April 1944 ging das letzte Transport-U-Boot in See. Bis Kriegsschluß mußte die tägliche Verpflegungsration von 3400 auf 2200 Kalorien gekürzt werden.

Einmal mehr erlitten die Japaner eine Niederlage. Und es sollten noch viele werden.

Burma

Anfang 1942 stürmten japanische Truppen Südburma. Im März fiel Rangun. Reste der britisch-indischen 17. Division und des Burma-Korps (General William Slim) retirierten nach Indien. Der Rückzug über 900 Meilen war mörderisch. Die chinesischen Divisionen unter General Joseph W. Stilwell waren aufgesplittert und konnten keine feste Front mehr aufbauen. So drückte der Gegner nach und besetzte die Burma-Straße. Damit wurde der Nachschub für China, dessen lange Küste ebenfalls die Japaner kontrollierten, prekär. Über eine Luftbrücke, die „Hump-Route" (Assam-Himalaya-China) flogen US-Bomber 45000 Tonnen Güter hinüber; doch das reichte nicht. Deshalb mußte eine neue Transitstrecke her. Das Projekt hieß „Ledo-Straße": 478 Meilen lang, durch Dschungel, über Flüsse und Gebirge. Von der Schaufel bis zum Reis mußte alles mühsam herangeschafft werden. Hitze, Regen, Schlamm und Krankheiten behinderten den Bau.

Viele Stäbe lehnten solche Investitionen ab, zumal in der Monsunzeit (Mai bis Oktober) Operationen in Burma nahezu ausfielen. Man suchte die Entscheidung lieber im Pazifik. Für die Allied Chiefs of Staff (Oberster alliierter Generalstab) war die Burma-Front nur Nebenkriegsschauplatz. Und faktisch geriet sie, überschattet von den spektakulären Ereignissen im Pazifik, fast in Vergessenheit. Aber das letzte Wort sprach Präsident Roosevelt. Er wollte China zu einer Luftflottenbasis gegen Japan ausbauen, überzeugte auch Premierminister Churchill von dem Plan, der wiederum Admiral Lord Louis Mountbatten, den Oberbefehlshaber der alliierten Streitkräfte in Südostasien.

Im Dezember 1942 endlich gab es grünes Licht für den Straßenbau. Stilwells Truppen (22. und 30. chinesische Division), aus Indien kommend, besetzten Teile des Mogaung-Myitkyina-Gebietes und übernahmen damit die militärische Absicherung der Bauarbeiten. Tausende chinesischer Kulis schufteten an der Straße wie ihre Vorfahren an der Errichtung der Großen Mauer vor 2000 Jahren. Sie schleppten Steine, transportierten mit Körben Erdreich und hielten in jedem Wetter aus; ihr Einsatz war beispiellos. So schafften sie eine Meile pro Tag. Bis Mai 1943 waren erst 47 Meilen fertig. Dann setzte der Monsun mit Dauerregen und Schlamm ein. In den nächsten drei Monaten konnte die Trasse nur um zehn Meilen vorangetrieben werden. Doch am 7. Januar 1945, nach zwei Jahren und 23 Tagen Bauzeit, war das Werk vollendet, ein Meisterstück der Streckenführung und Monument menschlicher Ausdauer. Im Februar rollte der erste Konvoi über die Ledo-Straße; er brauchte 28 Tage.

Bis Ende 1942 geschah nicht viel an der Indien-Burma-Front. Ein Angriff der 14. Division im Arakan-Distrikt schlug nicht durch. Um so brutaler tobte der Kleinkrieg. Im März 1943 setzte Brigadegeneral Orde C. Wingate eine Spezialtruppe, die „Long Range Penetration Group", verstärkt hinter den japanischen Linien ein; sie wurden „Chindits" (Verballhornung des burmesischen Wortes „Chinthé" für Löwe) genannt. Von Flugzeugen oder mit Lastenseglern im Feindgebiet abgesetzt, sprengten sie Brücken, überfielen Depots und Nachschubwege. Später kamen Amerikaner hinzu, nach ihrem Kommandeur (Merrill) „Merrill's Marauders" geheißen; Deckname „Galahad Force": 3000 Soldaten und Offiziere.

Die Erfolge der Spezialtruppen überzeugten schließlich auch hohe Stäbe davon, in Burma größere Operationen wagen zu können. Nachschub und Truppen rollten nun über die Ledo-Straße. Bald verfügte die 11. Armeegruppe (General Giffard) über eine beachtliche Streitmacht: britische 14. Armee (General The Viscount William Slim); 22., 30. und 38. chinesische Division sowie ein Regiment Amerikaner (General Joseph W. Stilwell); eine chinesische leichte Panzertruppe; die Kaschin-Truppe („Dah-Force"), Eingeborene unter amerikanischem Kommando; ein Fort-Hertz-Bataillon („Burma-Rifles") unter MacPherson; mehrere Brigaden der Special Forces („Chindits" und „Marauders"). Die Luftwaffe bestand aus der „American Northern Sector Air Force": 3. Tactical Air Force (Baldwin), Eastern Air Command (Stratemeyer), 1. Air Command. Für den Seglereinsatz war Commander Chokrane, für die Dakota-Schleppmaschinen Commander Old zuständig.

Die Schlüsselposition in Nordburma hielten die Japaner: Myitkyina nahe Ledo. Dort hielten Teile der japanischen 18. Armee (General Mizukami) und 53. Division (General Matsuyama). Im Südwesten, der Arakan-Region, drückten die Japaner hart auf Imphal. Ihre Absicht war klar: Aufsplitterung der sino-amerikanisch-britischen Verbände in Nordburma und Abdrängen nach Bengalen und Kalkutta. Ein anderer Schwerpunkt war die Yünnan-Linie am Saluen-Fluß, wo General Kawabes Truppen gegen die zwölf Divisionen (70000 Chinesen) unter General Wei Li Huang fochten.

Im Mai 1944 erreichte die Schlacht in Nordburma ihren Höhepunkt.

Stilwell erreichte den oberen Irawadi, Wei Li Huang den Saluen-Bereich; sie drückten auf Myitkyina, schlossen Kamaing ein, während General Slim eine Offensive der japanischen 15. Armee auf Kalkutta-Ledo zurückschlug und Flugplätze eroberte. Dann verweichte der Monsunregen alle Wege. Wegen der drohenden Philippinen-Operation mußten die Japaner fast alle See- und Luftstreitkräfte aus Singapur und Rangun abziehen.

Bis Ende August dauerte die erbitterte Schlacht zwischen der japanischen 56. Division und sechs chinesischen Divisionen bei Lungling. Generalleutnant Matsuyama führte geschickt und verhinderte eine Umfassung. Als ein chinesischer Pilot irrtümlich mit drei Stabsoffizieren und dem Offensivplan bei den Japanern landete, nutzte Matsuyama seine Chance. Er führte sofort Regimenter der 2. und 49. Division heran, führte einen Gegenangriff, stoppte die Chinesen und brachte ihnen hohe Verluste bei. Die Luftunterstützung durch die US-Airforce verpuffte wirkungslos im Gebirge und konnte das Desaster der Chinesen nicht verhindern.

Am 3. August 1944 fiel Myitkyina, die japanische strategische Position, General Mizukami ließ ausbrechen – dann beging er Selbstmord. General Maruyma führte das Ausbruchsunternehmen durch. Nachts fuhren die eingeschlossenen Japaner mit Flößen los. Doch die meisten Männer kamen um. Nur der General und einige hundert Soldaten kamen zu den eigenen Linien. Mit dem Fall von Myitkyina zeichnete sich für die Alliierten in Burma der Sieg ab.

Ende 1944 konnte sich Kimura mit den Teilen seiner 15. Armee nicht mehr halten. Inzwischen hatte Churchill General Sir Oliver Leese zum Oberbefehlshaber der südostasiatischen Streitkräfte ernannt, und Stilwell ließ Roosevelt durch General Dan I. Sultan ablösen.

Im Dezember 1944 gingen die Alliierten wieder vor, Fallschirmjäger-Landungen brachten die Offensive in Schwung: Sultan und Wei Li Huang öffneten die Burma-Straße, Slim besetzte Arakan. Kimura mußte Rangun räumen und ließ Mandalay anzünden. Die Trümmer der japanischen 15. Armee strebten zum Saluen und wollten übersetzen, doch Tausende Soldaten ertranken oder starben schon vorher an Erschöpfung.

Bis Mitte 1945 waren die Japaner aus Burma ganz vertrieben. Krankheiten machten beiden Seiten schwer zu schaffen. In Westburma fochten meist Inder, Australier, Südafrikaner; im Norden Chinesen unter Marschall Wei Li Huang mit der 1. Armee (Sun Li-jen) und 6. Armee (Liao Yoschiang). Den Oberbefehl der chinesischen Kräfte hat-

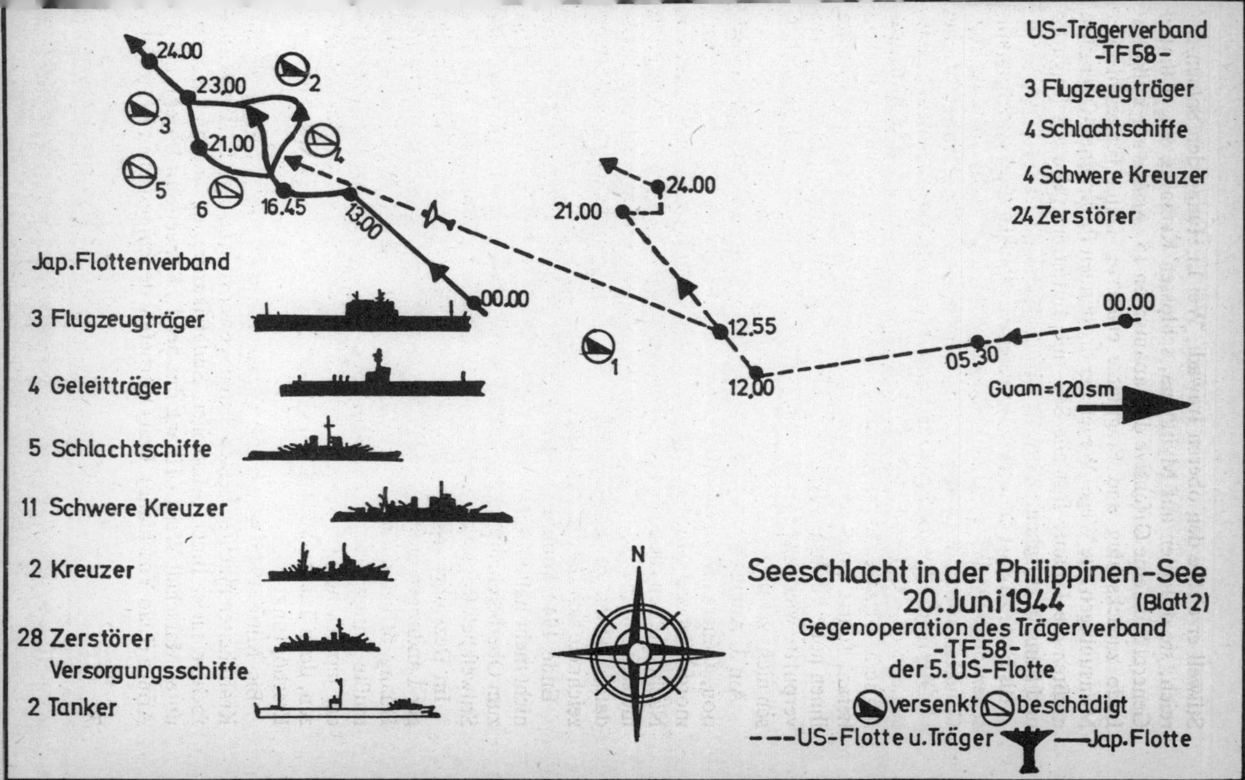

Nr. 1180 g Hugo Hamann, Kiel 80/85

te Generalissimus Tschiang Kai-schek. Die 10. Air Force (Davidson) und 14. Air Force (Chennault) unterstützten die Bodenkämpfe und sorgten für den Nachschub. Auf See führte Admiral Lord Louis Mountbatten die Eastern Fleet (Power) mit Schlachtschiffen und Trägern („Illustrious", „Indomitable", „Victorious", „Indifatigable") gegen die japanischen Flottenreste im südostasiatischen Raum. So wurde in der Nacht zum 16. 5. 1945 der Schwere Kreuzer „Haguro" von fünf britischen Zerstörern torpediert. Anfang Juni zerstörte ein Briten-U-Boot den Schweren Kreuzer „Ashigara" in der Java-See. So blieben auf Singapur-Reede nur noch zwei beschädigte Schwere Kreuzer; der eine, „Takao", wurde von einem britischen Kleinst-U-Boot versenkt.

Saipan

Die Operationen der Amerikaner vom Frühjahr 1943 bis ins erste Drittel 1944 im Zentral- und Südwestpazifik hatten den äußeren Verteidigungsgürtel des Imperiums aufgebrochen und bedrohten nun den inneren Ring mit Niederländisch Indien, Palau-, Marianen- und Bonin-Inseln. Truk, die Seefestung in den Karolinen, war isoliert. Über 130000 Japaner waren vom Mutterland abgeschnitten.

Geplant war, nach der Bombardierung Truks auch Jaluit und Ponape zu zerschlagen. Doch dann disponierte man anders. Mitscher sollte nun mit den Trägern westwärts bis zu den strategisch wichtigen Marianen stoßen, dort bomben und fotografieren lassen. Über Guam, bis 1941 in USA-Besitz, wußte man Bescheid, doch die militärischen Anlagen auf Saipan, Tinian und Rota waren unbekannt.

Am 22. Februar 1944 ließ Mitscher seine Maschinen starten; sie vernichteten über hundert Flugzeuge der japanischen 1. Marine-Luftflotte. Auch mit den Aufklärungsergebnissen war man zufrieden. Deshalb beschlossen die Joint Chiefs, Truk, Wotje, Jaluit und Ponape nur mit Bomben niederzuhalten und dafür die Marianen anzugreifen (Operation „Forager“). Die Inselgruppe liegt zwischen den Karolinen und Japan. Erstes Ziel bildete das Eiland Saipan, später folgten Tinian und Guam. Sie sollten „Trittsteine“ zu den Bonin-Inseln hinauf in Richtung Japan sein.

Die Vorbereitungen begannen Ende April 1944 mit Luftangriffen gegen Truk, im Mai folgten Marcus, Wake und wieder Truk. Diesmal schoß die Flak 27 Maschinen ab. In Luftkämpfen verloren die Japaner 59, am Boden 34 Flugzeuge.

Die Japaner erkannten die Gefahr, und Admiral Toyoda, Kogas Nachfolger, führte im Tagesbefehl vom 4. Mai 1944 aus: „Der Krieg nähert sich den Linien, die für unsere Verteidigung lebenswichtig sind. Die Lage ist für unsere nationale Existenz so ernst wie nie zuvor.“

Dieser Lageeinschätzung entsprachen auch die Planungen. Sie liefen darauf hinaus, Zeit zu gewinnen: örtlicher Widerstand an Land; Luftangriffe auf die Feindflotte, schließlich ihre Vernichtung durch die eigene Navy. Also kein neues Konzept. Nur fehlten jetzt noch mehr erfahrene Piloten, Flugzeuge und Schiffe als früher. Man hatte zwar improvisiert und aus Dampfer- und Kreuzer-Rümpfen leichte Träger gebaut. Doch das war nur ein Behelf.

Seit dem 1. April 1944 stellte die 3. (Träger-)Flotte den Kern der „Beweglichen Flotte“ (Admiral Jizaburo Ozawa) dar: 1. Division mit „Taiho“, „Zuikaku“, „Shokaku“; 2. Division: „Ryuho“, „Yunyo“, „Hiyo“; 3. Division: „Chiyoda“, „Zuiho“, „Chitose“. Alle Träger zusammen hatten 450 Maschinen an Bord, doch den meisten Piloten fehlte Kampferfahrung. Deshalb mußten sie gedrillt werden. Die 1. Division übte bei Singapur; ihre Staffeln waren im November 1943 in Rabaul vernichtet worden. Die 2. Division, deren Piloten im Januar 1944 ebenfalls dort starben, trainierten in der Inlandssee. Mitte Mai liefen dann gemeinsame Manöver östlich von Borneo.

Die Heeresfliegerei kam besser weg. Bis Ende Mai 1944 konnten 1000 Flugzeuge aufgeboten werden: 500 auf den Marianen, 260 in den Karolinen, 130 bei den Philippinen, 110 auf Neuguinea; meist Jäger, Kampfflugzeuge, wenig Aufklärer.

Das größte Problem stellte die Ungewißheit über das Ziel des nächsten Angriffs der Amerikaner, zumal sie Täuschungsmanöver unternahmen. Schon Ende April 1944 erlebte Truk zwei Luftangriffe. Im Mai flogen Trägerstaffeln die Inseln Marcus und Wake an – und wieder Truk. Diesmal schoß die Flak 27 Amerikaner ab. Doch die Japaner verloren in Luftkämpfen 59 und am Boden 34 Maschinen.

Toyoda vermutete die nächste Offensive in den westlichen Karolinen, dann bei den Palaus. Er griff zu einem alten Trick: Ende Mai schickte er das Schlachtschiff „Fuso“ und leichte Marinekräfte als „Lockvogel“ über Ulithi nach Biak (inzwischen von Amerikanern besetzt), um die US-Flotte zu binden. Doch die Sache klappte nicht. Denn zwischen dem 6. und 9. Juni 1944 hatte der US-Verband schon das Majuro-Atoll verlassen.

Toyoda reagierte schnell. Am 13. Juni befahl er die „Bewegliche Flotte“ von Tawitawi ins Seegebiet östlich der Philippinen. Er wußte, daß die gefährlichen US-Träger stets im Umkreis von 100 bis 200 Meilen vom Invasionsort standen (das war ihre „Achillesferse“) und hoffte, ihn so zu erraten.

Nimitz plante so: Erst auf Saipan landen, drei Tage später in Guam, dann Tinian nehmen. Ihm war bekannt, daß auf Saipan ein starkes Truppenkontingent stand, deshalb zog er entsprechende Kräfte heran. Das Landungsunternehmen oblag dem V. Amphibischen Korps (Generalleutnant Holland M. Smith), das Saipan nehmen sollte: 2., 4., 6. und 8. Marinedivision; 2. und 27. Infanteriedivision, zusammen 77400 Mann; sie übten in Hawaii und auf den Salomonen. Für Guam stand das III. Amphibische Korps (Generalmajor Roy S. Geiger) bereit: eine

Marinedivision, eine Marinebrigade, insgesamt 50000 Mann. Runde 100000 Tonnen Material wurden verladen. Und obwohl in Europa vor neun Tagen „Overlord“, die Landung in der Normandie, mit großem Aufwand angelaufen war, stand jetzt vor Saipan eine gewaltige Armada: 633 Schiffe, 2000 Flugzeuge, Hunderte von See- und Landungsfahrzeugen. Den Oberbefehl hatte Vizeadmiral Raymond A. Spruance. Seine Flotte umfaßte: Landungskräfte (Vizeadmiral Richmond K. Turner): elf Geleitträger (169 Flugzeuge), sieben alte Schlachtschiffe, sechs Schwere Kreuzer, vier Leichte Kreuzer, 116 Zerstörer und Geleitzerstörer, 111 Truppen- und Materialtransporter, 118 große Landungsfahrzeuge, 44 Minensucher und -leger, 56 Spezialfahrzeuge – zusammen 540 Einheiten. Hinzu kamen hunderte Amtraks, Dukws usw. Auch die neuen LSDs (Landing Ship Dock): vorn Schiff, hinten Dock, wurden eingesetzt. Die Trägerkampfgruppe führte Vizeadmiral Marc A. Mitscher: sieben große Träger (584 Flugzeuge), acht leichte Träger (235 Flugzeuge), sieben schnelle Schlachtschiffe, drei Schwere Kreuzer, sechs Leichte Kreuzer, vier Flak-Kreuzer, 58 Zerstörer – zusammen 93 Einheiten. Hinzu kamen 900 Landflugzeuge (auch Aufklärer), U-Boot-Jäger, Seenotdienste u. ä.

Wegen der üblichen Angriffszeit, der Morgendämmerung, befahl Toyoda, täglich alle Maschinen 30 Minuten vor Sonnenaufgang startklar zu halten. Doch die Amerikaner reagierten wieder einmal anders. Sonst fingen sie in der Frühe, drei Tage vor Angriffsbeginn, mit Bombardements an. Diesmal bombten sie schon am vorhergehenden Nachmittag. Plötzlich fielen 225 Trägermaschinen über die japanischen Flugplätze her, vernichteten 110 Flugzeuge (81 in der Luft) und beschädigten 37 weitere. Bei nur elf Eigenverlusten wurde somit ein Drittel der feindlichen Marianen-Luftwaffe vernichtet.

Mitscher ließ vom 12. bis 14. Juni weiterbomben. Plätze, militärische Anlagen und zwei Geleitzüge (acht Schiffe) wurden versenkt. Als Sonderauftrag wurden die Zuckerrohrfelder bei den Landungsstellen in Brand geschossen. Die japanische Abwehr war schwach. Mitscher konnte es sich erlauben, schon am 13. Juni zwei seiner vier Trägergruppen zu Angriffen auf die nächsten Ziele Iwo Jima und Chichi Jima (Bonin-Inseln) nach Norden zu dirigieren. So wurden am 15. und 16. Juni diese Eilande bombardiert. Auf Iwo konnten 100 Maschinen am Boden zerstört, 40 abgeschossen werden. Nur elf Trägermaschinen kehrten nicht zurück.

Saipan – zerklüftete Koralleninsel mit Schluchten, Bergen (bis 500 Meter), 25 Kilometer lang, acht Kilometer breit – wurde von rund

23000 Infanteristen (eine Division, eine gemischte Brigade, ein Panzer-, ein Flak-Regiment, ein Mörser-Bataillon u. a.) sowie 7000 Marine-Füsilieren gehalten. Gleich vier hohe Befehlshaber waren anwesend: Admiral Chuichi Nagumo (OB der Zentralpazifikflotte); General Yoshitsuga Saito (OB der 31. Armee); der „Kommandierende Admiral des 5. Marinebereichs" und der „Kommandierende General der Streitkräfte zur Verteidigung der nördlichen Marianen". Anfang Juni trafen Teile eines Infanterieregimentes ohne Waffen ein, weil fünf von sieben Transportern versenkt wurden.

Aus Zeit- und Materialmangel war Saipan nur wenig befestigt worden. Auch rechnete niemand mit dem raschen Vormarsch der Amerikaner. Doch die Truppe war ausreichend bewaffnet, hatte Artillerie, Werfer, Munition. Das Gelände eignete sich gut zur Verteidigung.

Der Landung ging ein zweitägiges Vorbereitungsfeuer durch Bomber und Schlachtschiffe voraus. D-Tag war der 15. Juni 1944. Minensucher und Männer vom UDT räumten die Angriffsstreifen. Im Schirm einer künstlichen Nebelwand brausten die Landungsfahrzeuge in mehreren Wellen los, setzten Amtraks, Dukws und Truppen ab. In 30 Minuten gelangten 8000 Soldaten auf die Insel, und weitere 12000 folgten im Laufe des Tages. Es gab nur geringe Verluste. Am Abend hielten die Amerikaner einen acht Quadratkilometer großen Landekopf. Artillerie, Panzer und die Divisionskommandeure waren auf der Insel. Die Tanks stellten sich zum Vormarsch bereit. Zwischen zwei Divisionen klaffte eine gefährliche Lücke, und es gelang nicht, sie zu schließen. In der Nacht wurden weitere Truppen und Nachschubgüter gelandet. Doch schon die nächsten Tage brachten viel Härte und Blut.

Die Japaner rechneten auf die Hilfe ihrer Flotte. Ozawa brachte sie heran: neun Träger, fünf Schlachtschiffe, 13 Kreuzer, 31 Zerstörer, sechs Öldampfer. Doch der Verband wurde am 15. Juni von einem US-U-Boot in der San Bernardino-Straße (Philippinen) mit Höchstfahrt und Ostkurs gesichtet. Spruance wollte in spätestens drei Tagen mit den Flugzeugen zuschlagen. Doch es klappte nicht. Sowohl die Tagaufklärung bis 500 Seemeilen westlich Saipan als auch die Nachterkundung auf 600 Seemeilen Westradius erbrachten nichts.

Auch Ozawa hatte seinen Plan. Er wollte außerhalb der Reichweite der US-Flieger bleiben, die eigenen Maschinen starten, angreifen und dann auf den Marianen-Plätzen landen lassen; dort sollten sie tanken, aufmunitionieren, beim Rückflug die Amerikaner erneut attackieren und schließlich auf den Trägern niedergehen.

Spruance beabsichtigte, dem Gegner nachts mit Höchstfahrt entgegenzulaufen und am Morgen die Maschinen zu starten, doch die Erkundungsergebnisse waren noch zu ungenau, und die Sicherungsaufgaben für die Landungstruppen gingen vor. Es war ohnehin schwierig, in diesem riesigen Seeraum eine Flotte zu finden, und daher nicht auszuschließen, daß der Feind die nahezu wehrlosen Landungsverbände zerschlug, wenn man sich von ihnen entfernte. Aber Spruance fand eine Lösung; er ließ die Trägerkampfgruppe nachts 300 Seemeilen westwärts und tagsüber wieder auf Gegenkurs laufen. Bei dem ständigen Ostwind war der Flugbetrieb bei Tage gewährleistet.

In den zwei Tagen seit der Landung verloren die Amerikaner 3500 Mann, das waren zwanzig Prozent der ganzen Schlachtverluste. Der enorm hohe Artillerie-Einsatz der Japaner hemmte die Entfaltung der Invasionskräfte und verursachte die beträchtlichen Einbußen an Menschen und Material. Panzer kamen in dem Terrain nicht voran. Also focht die Infanterie allein. Und der gut verschanzte Gegner kämpfte bis zum letzten Messerstich.

Die Amerikaner pumpten alles in den Landekopf, was über See herankam; dadurch erhöhte sich zwangsläufig die Ausfallquote. Sogar alle Marine-Ersatztruppen waren schon an Land. Das erhöhte die Gefahr, in dieser frühen Invasionsphase die Initiative zu verlieren, wenn es nicht voranging.

Das zweite Problem bildete die Lücke zwischen den Spitzenkräften, die sich ständig vergrößerte. Das 165. Regiment (27. Infanteriedivision), links neben dem 23. Marine-Bataillon eingesetzt, sollte sie schließen, schaffte es aber nicht.

Am 18. Juni nahm das Regiment den Flugplatz Aslito, zog zur Ostküste herüber und trieb in Verbindung mit dem 105. Regiment den Feind südwärts in die Enge des Nafutan Point. Nach tagelangen Kämpfen im Felsengelände, die große eigene Opfer kosteten, wurde der Gegner auf der Halbinsel Nafutan zerschlagen.

Am vierten Tag stieg die Verlustzahl der Angreifer auf 4856 an; sechs Bataillonskommandeure fielen aus. Einige Bataillone hatten bis zu 60 Prozent ihres Bestandes eingebüßt. Die Versorgung der vielen Verwundeten überforderte auch Personal und Fahrzeuge. Vermißtenlisten gerieten durcheinander; angeblich Vermißte tauchten in Lazaretten auf.

Das dritte Problem entstand durch die Zivilbevölkerung. Den „Civil Affairs Officers“ (Offiziere für Zivilangelegenheiten) der Divisionen oblag mit dem „Corps T/O’s“ (Table of Organisation) die Evakuierung und Unterbringung der Zivilisten, doch es fehlte an Personal,

Transportraum und Verpflegung. Die Leute wurden notdürftig aus eroberten Vorräten versorgt.

Am 17. Juni, früh, versuchten die Japaner mit 35 Landungsbooten einen Angriff von See her. Sie fuhren von Tanapag Harbor südwärts, wurden jedoch in wenigen Minuten von US-Zerstörern zusammengeschossen. In den nächsten zwei Wochen griff der Gegner 26mal aus der Luft an, erreichte nur Störeffekte und verlor 14 Maschinen. Von der knapp fünf Kilometer entfernten Insel Tinian schossen Langrohrgeschütze herüber, und die Amerikaner antworteten mit ihren 155-mm-Kanonen.

Die Japaner schafften es nicht mehr, die Amerikaner von der Insel Saipan zu drängen; sie selbst verloren starke Positionen und die Verbindung untereinander, so daß Gegenangriffe größeren Stils ausblieben. Aber Radio Tokio verschwieg die wahre Lage, redete von Sieg und trieb die Truppe an.

Am 18. Juni sichtete das US-U-Boot „Cavalla" die japanische Flotte 600 Seemeilen westlich Guam mit Ostkurs, hängte sich an und funkte laufend die Position. Bei den ermittelten 19 Seemeilen Fahrt mußte Ozawa am nächsten Morgen in Angriffsstellung sein.

Mitscher wollte dem Feind sofort mit hohem Tempo entgegenlaufen, doch Spruance und Lee (Schlachtschifführer) erschien die Entblößung der Landungsflotte und ein Nachtgefecht zu riskant. So wurde vereinbart, durch das Auf- und Abstehen Distanz zum Gegner zu halten und die Rückkehr der zwei Trägergruppen von den Bonin-Inseln abzuwarten.

Inzwischen hatten die Japaner Flugzeuge vom Mutterland und den Karolinen auf die Marianen gebracht. Am 19. Juni, vormittags, flogen 600 land- und trägergestützte Maschinen gegen die amerikanische Flotte. Sie wurden durch Radar in 130 Seemeilen Entfernung geortet, und Mitscher ließ seine Bomber und Torpedo-Flugzeuge starten und kreisend klarhalten, während Jäger und Flak bereitgemacht wurden. Kampfpatrouillen erwarteten den Feind 60 Seemeilen vor der Flotte und 7000 Meter hoch in Angriffsposition.

Der Zusammenprall war furios. In turbulenten Luftkämpfen wurde Ozawas Spitzenverband in drei Teile gespalten und fast aufgerieben. Nur wenige Flugzeuge entkamen, gerieten jedoch ins Flakfeuer der Schlachtschiffe.

Ozawas erste Attacke brachte bei hohen Eigenverlusten so gut wie nichts: Eine 250-kg-Bombe schlug auf die „South Dakota"; Nahtreffer wurden beim Kreuzer „Indianapolis" erzielt; ein Flugzeug fiel auf die „Indiana"; alle Schiffe konnten auf Position bleiben.

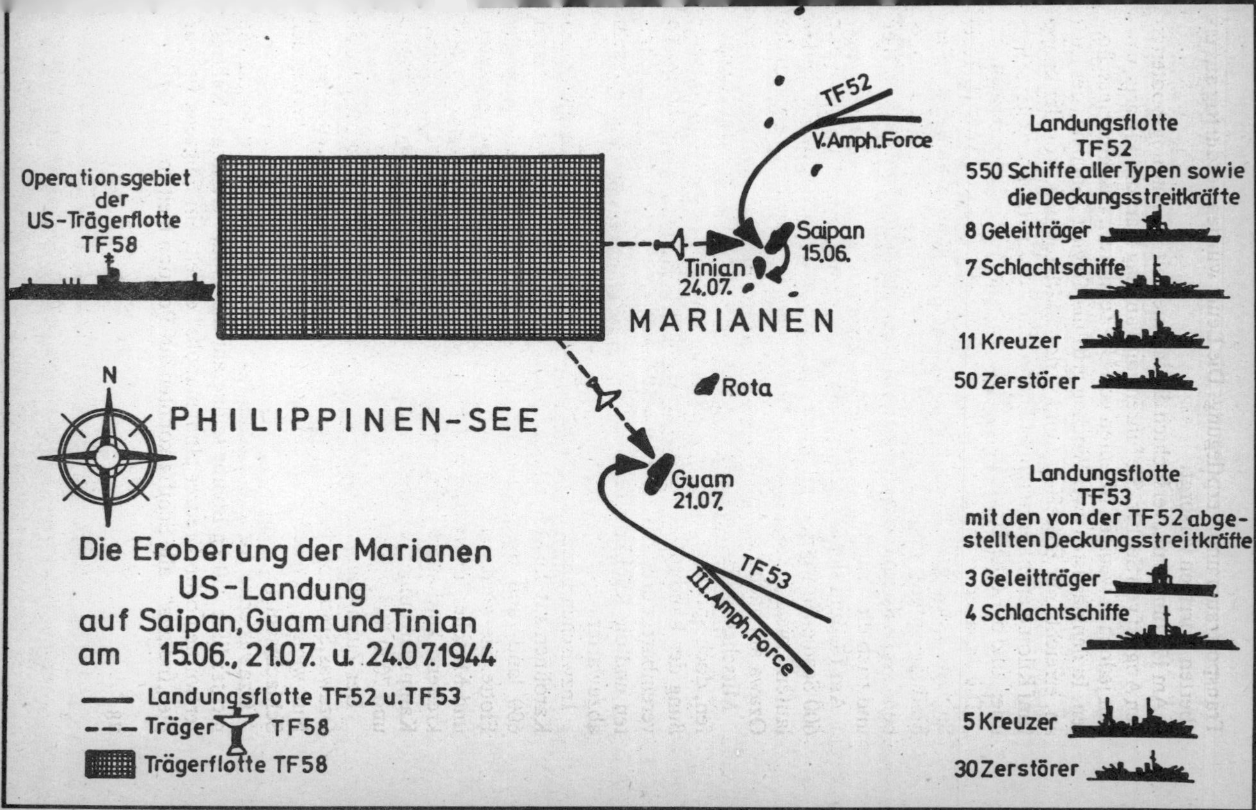

Die Eroberung der Marianen
US-Landung
auf Saipan, Guam und Tinian
am 15.06., 21.07. u. 24.07.1944

Auch der zweite Kampfverband wurde 60 Seemeilen vorher durch Abfangjäger nahezu zerstört. Übriggebliebene Stukas setzten Bomben neben zwei US-Träger, ohne Schaden anzurichten. Die US-Maschinen luden ihre Bomben auf Guam ab und kehrten auf die Träger zurück.

Am frühen Nachmittag flogen die Japaner den dritten Einsatz; auch er war unergiebig: Nahtreffer bei einem Träger. Die Amerikaner dagegen waren erfolgreich. Abends zersplitterten sie bei Guam einen starken Kampfverband.

An diesem 19. Juni erlitt Ozawa eine gewaltige Niederlage: Von ehedem 600 Flugzeugen waren 402 verloren (366 im Luftkampf, 19 durch Flak, 17 am Boden zerstört). Die Amerikaner mußten 30 Maschinen abschreiben. Dieses Kampfgeschehen wurde fortan als „The Marianas' Turkey Shoot" (Truthahnschießen bei den Marianen) bezeichnet.

Dennoch machten die Japaner in Optimismus und verkündeten: Fünf US-Träger, ein Schlachtschiff getroffen. Das Oberkommando in Tokio aber zog daraus falsche Schlüsse und traf Fehldispositionen. Die Amerikaner erhöhten noch die Konfusion, indem sie Flottenbefehlshaber und -nummern öfters wechselten. Die gewaltigen Planungs- und Koordinationsaufgaben konnte ein Stab ohnehin nicht mehr schaffen, so daß Spruance und Halsey einander in der Führung der 3. bzw. 5. Flotte öfters ablösten. Sie war in durchnumerierte „Task Forces" (Kampfgruppen) gegliedert. So befehligte zum Beispiel Mitscher die Task Force 38 bzw. 58; die erste Untergruppe (drei Träger, Kreuzer und Zerstörer) nannte sich entsprechend Task Force 38.1 oder 58.1. Die Befehlshaber selbst standen unter laufender ärztlicher Kontrolle und wurden bei Krankheit sofort abgelöst.

Nach den Luftkämpfen kamen nun in der Philippinen-See die Flotten ins Treffen. Die Fühlungshaltersignale des U-Bootes „Cavalla" lotsten das Tauchboot „Albacore" an den japanischen Trägerverband heran. Am 19. Juni, um acht Uhr, gerade als die Flieger abgehoben hatten, lief der erste Fächer aus sechs Torpedos auf das Flaggschiff, den neuen Träger „Taiho", zu. Ein „Aal" traf. Das Schiff blieb zwar gefechtsbereit, doch sechs Stunden später erfolgte eine Explosion, und nach weiteren zwei Stunden sank der brennende Träger mit 13 Flugzeugen an Bord.

„Cavalla" hielt weiter Kontakt und fuhr um elf Uhr einen Angriff: Vier von sechs Torpedos bohrten sich in die „Shokaku". Die Flugzeuge waren schon in der Luft. Der Träger brannte und ging nach drei Stunden unter.

Aber Ozawa wollte weiterkämpfen. Er stieg zum zweiten Male um, diesmal auf den Flugzeugträger „Zuikaku“, den letzten Veteran des Pearl-Harbor-Raids anno einundvierzig. Zum Auftanken ließ er nach Nordwesten abdrehen. Er hatte auf sieben Trägern noch 102 Flugzeuge (ursprünglich 450).

Wegen der Ostbrise waren die US-Träger zum Starten und Landen der Flugzeuge Ostkurs gelaufen. Mitscher aber dampfte, alle Maschinen an Bord, mit drei Trägergruppen westwärts gegen den Feind; die vierte Gruppe blieb wegen Brennstoffmangels zurück und bombte auf den Marianen. Nachts stießen US-Aufklärer 700 Seemeilen nach Westen vor, verpaßten aber die Japaner auch in der Frühe des 20. Juni. Erst gegen 15 Uhr traf eine Sichtmeldung ein: Ozawa stand 250 Seemeilen entfernt und lief Westkurs. Das aber war die maximale Reichweite der Trägermaschinen: Rückflug und Landung hätten nachts unter U-Boot-Gefahr erfolgen müssen. Mitscher wagte es trotzdem. Um 16 Uhr hoben bei Ostkurs 216 Flugzeuge (85 Jäger, 77 Stukas, 54 Torpedo-Maschinen) ab. Als die zweite Welle klarstellte, traf die Nachricht ein, daß der Gegner sogar 300 Seemeilen weit weg war. Was sollte Mitscher jetzt tun? Wenn er die erste Welle angreifen ließ, konnten viele Maschinen wegen Treibstoffmangels ausfallen; befahl er sie zurück, entwischte der Feind. Und sein Entschluß? Er behielt die zweite Welle zurück und lief mit Höchstfahrt nach Westen, um so der ersten Welle den Rückweg zu verkürzen.

Der Angriff lief also. Bei Dämmerungsbeginn, gegen 18.20 Uhr, sichteten die amerikanischen Piloten eine breite Ölspur; mehrere Feindgruppen waren gerade bei der Treibstoffübernahme. Viel Zeit blieb den Angreifern nicht, der Sprit nahm rapide ab, viele Tanks waren schon halb leer. So flogen sie nun an, jeder nahm das nächste Ziel. Die Japaner legten eine Flaksperre und fuhren Ausweichmanöver. Trotzdem fingen vier von sieben Trägern Bombentreffer, die „Hiyo“ zusätzlich einen Torpedo ein. Zwei brennende Öldampfer mußten versenkt werden. Das Schlachtschiff „Haruna“ und ein Kreuzer erlitten Bombenschäden, blieben aber (wie alle Träger) gefechtsfähig. Im Luftkampf verlor Ozawa wieder einige Maschinen; seine letzten Torpedoflugzeuge fanden die Amerikaner nicht, weil sie auf die Marianen auswichen. Aber ohne Flugzeuge konnte Ozawa nicht kämpfen. Deshalb lief er mit seiner Flotte nach Okinawa ab.

Die Rückkehr der US-Maschinen wurde dramatisch. Sie nahmen zwar 70 Seemeilen vor der Flotte die „Heimführsignale“ auf, doch der Sprit ging aus und zwang zur Wasserung auf der dunklen See. Die ersten Flugzeuge, die es bis zu den Schiffen schafften, setzten zu halsbrecherischen Landungen an. Es war 20.30 Uhr. Finster. Die Träger stampften, drehten sofort in den Wind, fächerten aus, schossen Raketen und setzten Scheinwerferkegel, um das Heimfinden und Landen zu erleichtern. Beim Anflug gerieten die Staffeln durcheinander. Jeder Pilot suchte das nächstbeste Landedeck, um nicht wassern zu müssen. Es gab eine Menge Bruch, Schrott, Verluste an Personal sowie auf der Flut driftende Flugzeuge, so daß die Zerstörer auf die U-Boot-Sicherung verzichteten und Rettungsdienste leisteten. Fazit: Genau 100 Flugzeuge (davon wurden 20 abgeschossen) und 209 Soldaten fehlten. Am nächsten Tag wurden noch 160 Mann geborgen.

In der Frühe des 22. Juni meldeten Luftaufklärer drei kleine Feindträger mit Begleitfahrzeugen. Aber sie standen zu weit weg.

Die Schlacht in der Philippinen-See brachte für die Amerikaner zwar einen großen, doch unvollständigen Sieg: Noch immer war die Feindflotte nicht zerstört. Deshalb warf die Kritik Spruance auch „Zaghaftigkeit" vor. Das traf nicht zu, denn die Abschirmung der Landungsvorgänge genoß durchaus Priorität.

Auf die Landgefechte hatte die See-Luftschlacht wenig Einfluß. Wie üblich wehrten sich die Japaner geschickt, tapfer und todesmutig. Sie fuhren sogar spektakuläre Panzerattacken: mit Trompetensignalen; im Spitzenwagen Offiziere, die ihre Säbel schwangen. Doch dieser imposante, operettenhafte Aufzug verpuffte schnell und wirkungslos im Granatenhagel der US-Geschütze.

Trotzdem taten sich die Angreifer schwer, ihre Vormarschleistungen zählten nur nach Metern. Und der Eklat war vollends da, als der General und Haudegen Holland M. Smith mitten im Gefecht den Kommandeur einer Heeresdivision ablöste, weil ihm jeglicher Angriffsgeist abhanden gekommen sein sollte. Daraus entwickelte sich zwangsläufig ein aktenreicher Papierkrieg zwischen Marine- und Heeresdienststellen, dessen Ausgang dubios blieb.

Zwölf Tage nach der Landung hatten die Amerikaner die südliche Hälfte der Insel Saipan besetzt und – bis auf die erwähnte Lücke – eine durchgehende Linie errichtet.

Da passierte etwas im rückwärtigen Gebiet. Eine japanische Einheit, am Nafutan Point isoliert, brach in der Nacht zum 27. Juni auf den Flugplatz Aslito durch, zerstörte eine Maschine und beschädigte zwei andere. Bautruppen, Bodenpersonal und Troßleute nahmen den Kampf auf, der die Nacht über anhielt. Obwohl der Feindangriff gut organisiert, mit schriftlichen Befehlen, einer Kommandokette und dem Schlachtruf „Sieben Leben bezahlen unser Land" gut geführt wurde, schlug er nicht durch. Am Morgen wurden 500 tote Japaner gezählt; es war ihnen nicht geglückt, pro Mann sieben Amerikaner mit in den Tod zu nehmen. Nur eine geringe Zahl Überlebender schlich sich in die Wälder oder nach Norden.

Die Amerikaner festigten ihre Positionen, hoben Widerstandsnester aus und brachten Nachschub und Truppen nach vorn. Am 2. Juli lief die Operation wieder. Das 2. Marineregiment nahm hinter Garapan eine Höhe, kämpfte sich durch die Stadttrümmer, während andere Divisionsteile flankierend vorrückten. Endlich machte die 27. Infanteriedivision auch die Lücke zu. Die 4. Marinedivision am Ostufer prallte auf feste Stellungen.

In den nächsten drei Tagen gelang manches: Garapan fiel; das 6. Marineregiment stieß auf Tanapag Harbor vor, ließ den sumpfigen Mutcho Point liegen und sicherte das wichtige Dock Areal; das 8. Marineregiment nahm die Seeflugzeug-Basis des Hafens. Der Feind biß sich nun am Westufer fest. Deshalb ließ General Smith die Front einschwenken: 27. Infanteriedivision hielt die enge Stelle der Insel, Regiment 105 (links) grub sich vor Tanapag ein und wirkte als Drehpunkt. Das war die Lage am 6. Juli, als die Initiative kurzfristig auf die Japaner überging, die in dieser Nacht den größten „Banzai"-Angriff des ganzen Pazifikkrieges unternahmen.

General Yoshitsugu Saito, ein alter, tapferer Mann, unter dem „Bushido" (Rittergesetz) groß geworden und indoktriniert vom „Senjinkum" (Schlacht-Ethik), erkannte die eigene schwere Lage. Er gab eine letzte Botschaft an die Truppe heraus: „Der barbarische Angriff des Feindes hält an ... Wir sterben nutzlos unter dem Bomben- und Granatfeuer ... Ob wir angreifen oder hier bleiben, es gibt nur den Tod. Jedoch im Tod ist Leben! Ich will mit jenen sterben, die bereit sind, den amerikanischen Teufeln einen erneuten Schlag zu versetzen, und ich werde meine Gebeine auf Saipan als einem Bollwerk im Pazifik zurücklassen." Was Saito plante, war ein Banzai großen Stils. Dafür brauchte er alle verfügbaren Truppen. Da die Telefonleitungen größtenteils zerstört waren, schickte er Melder los. Sammelpunkt des Angriffs war ein Geländepunkt nahe dem Dorf Makunsho, Angriffszeit die Nacht zum 6. Juli. Die Melder hatten nur drei Tage Zeit, um den Befehl zu übermitteln, konnten auch nur nachts und im heftigen Feuer aufbrechen. Viele kamen daher um; es wurde unmöglich, alle Truppenteile zu verständigen.

Die Amerikaner merkten, daß eine größere Sache bevorstand; sie wußten nur nicht wo und wann.

6. Juli, 20.00 Uhr. General Saito gab den Befehl: „Im Vormarsch, um den Feind zu vernichten, folgt mir!" Das war nur symbolisch gemeint und bedeutete: Folgt mir in den Tod, ich gehe euch voran! Denn zum Marschieren war Saito viel zu schwach.

Um diese Stunde sammelte die Truppe schon zum Banzai. Saito setzte sich zum rituellen Mahl, aß Krabben, trank Ocha-Tee und Sake, dann verabschiedete er sich von seinem Stab und hockte sich mit übergeschlagenen Beinen in den Höhleneingang, der als Gefechtsstand diente, den Blick nach Japan zum Kaiserpalast gerichtet. Ein Ordonnanzoffizier reichte ihm den Harakiridolch, womit er zustieß. Amerikanische Soldaten konnten den Vorfall beobachten. Sie begruben Saito später mit militärischen Ehren.

Admiral Nagumo, der zweite Befehlshaber auf Saipan (er führte den Angriff am 7. Dezember 1941 auf Pearl Harbor) verübte vermutlich um die gleiche Zeit Selbstmord in seinem Gefechtsstand. Es ist anzunehmen, daß der Banzai unter dem Kommando von Oberst Suzuki von der 135. Infanteriedivision stand. Die Teilnehmerzahl war auch den Japanern unbekannt, die Toten beliefen sich auf dreitausend.

Der Banzai durchstieß eine Infanteriestellung und lief erst am Flugplatz aus, wo ihn die wehrhaften „Seabees" (wegen gleicher Aussprache eine Verballhornung der Abkürzung C.B. = Construction Batallion = Bautruppe; sie trugen als Ärmelabzeichen eine Biene) stoppten. Überlebende retirierten, Zivilisten als Kugelfang mit sich schleppend, ins zerklüftete Gebirge. Die Steinformationen, von Buschwerk überwuchert, bildeten die Uferregion (etwa zwölf mal vier Kilometer groß) und fielen zum Meer hin steil ab. Einzelne Bergrippen reichten bis nahe an Tanapag Harbor hinauf und südwärts bis Garapan.

In den nächsten Tagen gelang es Teilen der 4. Marinedivision, entlang dem Ostufer nordwärts zu stoßen, wobei die Masse des Gegners im zerklüfteten Gebiet, das auch den Nordteil der Insel überzog, wieder zäh verteidigte. Der Bereich um den Tapotchau-Berg, am Mutcho Point, wurde von fanatischen Japanern lange gehalten. Deshalb umgingen die Marines diese festen Plätze, stießen zum Nordufer weiter und überließen den Infanteristen das „Mopping up" (Geländesäubern). Das dauerte. Höhlen, Dschungel und Schluchten boten ausreichenden Schutz.

Am 9. Juli, dem 25. Tag nach Invasionsbeginn, um 16.16 Uhr, galt der Saipan-Feldzug offiziell als abgeschlossen. Das besagte nichts. Fast überall gab es Scharmützel mit Versprengten. Und die kosteten Ausfälle. Vielmehr begann für die US-Truppen, nachdem das Gros der Japaner (reguläre Truppenreste, Banzai-Überlebende, Deserteure und andere Soldaten) das letzte Reduit, die Felsenreviere in Küstennähe, aufsuchte, eine Phase mörderischer Nahkämpfe. Der Feind, noch immer Befehlen gehorchend und dem Kaiser ergeben, focht nun mit dem Rücken zum Meer. Kein Wunder also, wenn er eine bisher nie gezeigte Kampfeswut und Brutalität an den Tag legte. Was sich in der Endphase der Saipan-Schlacht an Grausamkeiten abspielte und einen blutigen Schlußpunkt unter das Geschehen setzte, war beispiellos in der Geschichte des ganzen Pazifikkrieges. Hunderte Zivilisten, auch Frauen und Kinder, stürzten sich über die Steilwände oder ließen sich von den Soldaten töten, die dann hinterhersprangen oder sich mit Handgranaten umbrachten.

Die US-Navy, Zeuge der Massaker, rückte mit Lautsprechern heran und erließ Appelle an die Japaner. Doch die reagierten nicht. Da eröffneten plötzlich Kanonenboote das Feuer. Es gab zwar wieder Tote und Verletzte, doch Hunderte Menschen konnten dadurch gerettet werden. Zum ersten Male im Pazifikkrieg ergaben sich auch an die 2000 Japaner. Einige Fanatiker aber hielten noch über ein Jahr in den Kavernen aus. Man schätzt, daß auf Saipan etwa 24000 Japaner umgekommen sind. Die Amerikaner verloren 3426 Tote und Vermißte, 13099 wurden verwundet. Am 17. Juli trat General Hideki Tojo zurück, Nachfolger im Kabinett wurde General Kuniaki Koiso.

Die Amerikaner griffen nun Guam und Tinian an.

Guam, Tinian

Schon drei Tage nach dem Angriffsbeginn auf Saipan (15. Juni 1944) sollte Guam genommen werden; doch ausgiebige Bombardements, die nur örtliche Abwehrpunkte ausschalteten, vermochten den Gegner nicht zu schwächen. Er focht mit Zähnen und Klauen. Auf der Insel stand die 29. Infanteriedivision (Oberst Hidekuyi Takeda) mit dem 6. Expeditionskorps (General Kiyoshi Shigematsu), zusammen 19000 Soldaten.

Die Amerikaner konnten es sich leisten und verschoben den Angriff auf den 21. Juli. Und erst nach 13 Tagen Beschießung und Bombenregen stiegen die Marines an Land. Kaum noch Widerstand. Aber dann wurde der Vormarsch zur Tortur, zum Opfergang. Die Japaner verteidigten jeden Stein, schockten mit Nachtattacken und trachteten, mit Kleinfahrzeugen über See in den Rücken der Angreifer zu gelangen. Das kostete sie 11000 Tote, doch auch die Amerikaner büßten 2000 Mann an Toten und Verwundeten ein. Es dauerte noch zwei Monate, bis die Japaner, durch 17000 Ausfälle und 500 in Gefangenschaft geratene Soldaten geschwächt, ihren Widerstand aufgaben. Guam kehrte in den Besitz der USA zurück.

Und oft geschehen auch im Krieg seltsame Dinge. Während des Feuerschlages gegen Guam nahm ein Ausguckposten auf einem US-Zerstörer seltsame Lichtsignale wahr; sie blinkten an entlegener Stelle. Als ein Stoßtrupp dorthin aufbrach, traf er auf einen Funker (sie hießen „Coastwatcher“ = Küstenbewacher), der sich schon 1941 von der japanischen Invasion überrollen ließ, mit den Eingeborenen lebte, seine Beobachtungen meldete und bis jetzt ausgehalten hatte.

Der Angriff gegen die Insel Tinian begann am 24. Juli 1944. Der Sund zwischen dem Eiland und Saipan ist drei Seemeilen breit. Dadurch konnten die Landetruppen, unterstützt von der Artillerie auf Saipan, dicht an die Küste heranfahren. Beim Übersetzen der Marinefüsiliere keilten 96 Geschütze vom Kaliber 105 mm und 26 mit 155-mm-Granaten sowie 24 Langrohrkanonen (155 mm) in die erkannten Feindstellungen. Es gab auf Tinian nur eine geeignete Landestelle. Und genau dort lauerte die Masse der 1000 Mann starken Garnison: 50. Infanterieregiment (Oberst Kiyoshi Ogata), eine Gebirgsbatterie, zwölf leichte Panzer. Die Truppe war in Kokosholzbunkern gut und beschußsicher untergebracht.

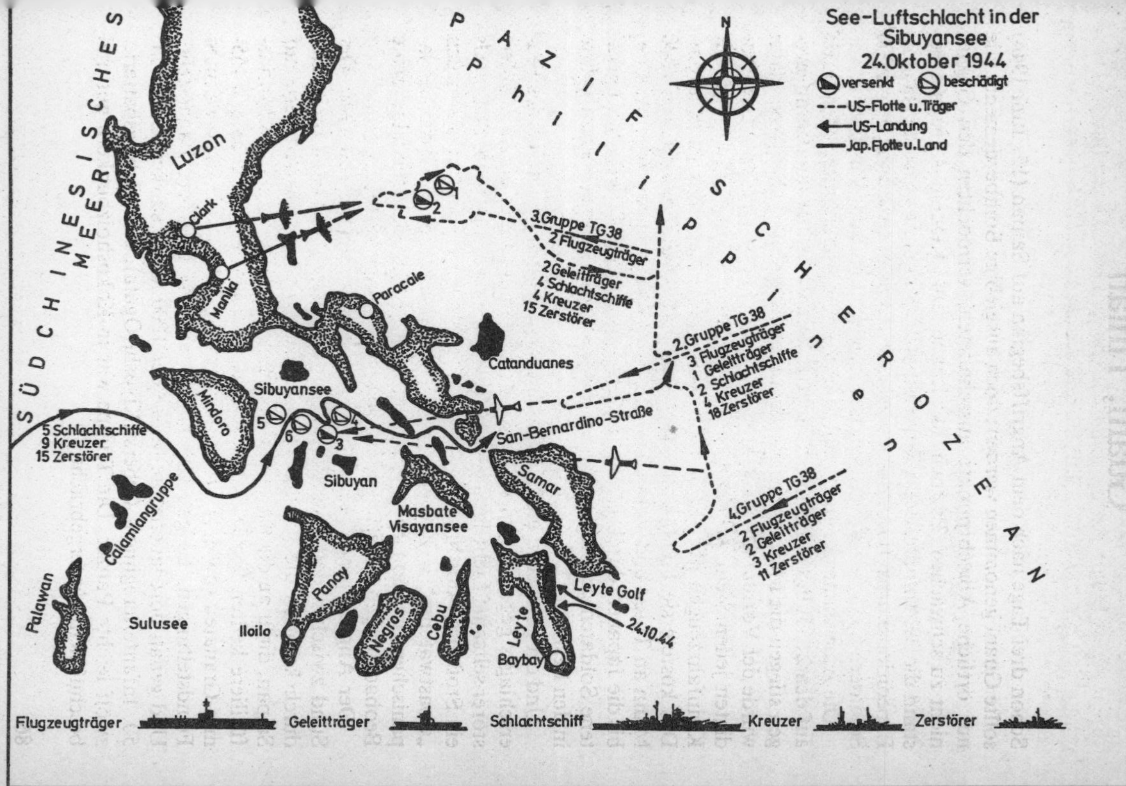

643432 90/95 g/qm

Carl Schlücker & Schöll, Einbeck

Am D-Tag schossen Schlachtschiffe in die Feindpositionen. Doch die Japaner boten Paroli: Eine bestens getarnte 15-cm-Batterie verpaßte der „Colorado“ 22 Treffer und schlug sie in die Flucht; auch ein Zerstörer wurde beschädigt.

Wegen des massiven Abwehrfeuers erfolgte die Landung schließlich an anderer Stelle. Man suchte zwei schmale Strandabschnitte aus, wo mit wenigen Landungsbooten gedeckt heranzukommen war. Aber vorher mußten einige Minenfelder und zwei Blockhausbunker überwunden werden. Doch die Überrumpelung klappte. Ehe der Gegner umgruppieren konnte, waren zwei US-Divisionen durch den „Flaschenhals“ geschlüpft, hatten sich eingegraben und wehrten japanische Gegenstöße ab. Auch einige kleine Banzais brachten keinen Erfolg. Am 1. August 1944 war Tinian erobert. Nur 250 Japaner ergaben sich. Die Verluste der Amerikaner waren gering.

Morotai, Peleliu

Von den Marianen aus war Japan schon angreifbar.

Am 24. November 1944 starteten erstmals B-17-Flugzeuge von dort gegen Militär- und Industrieanlagen auf der Hauptinsel Honshu.

Im übrigen setzten die Amerikaner ihre doppelgleisige Strategie fort. MacArthur sollte Morotai, nordwestlich der Molukkeninsel Halmahera, nehmen und weiter in Richtung Philippinen vorrücken, während Nimitz seine Verbände über die Marianen hinaus auf Ulithi, Yap, Angaur und Peleliu (Karolinen und Palau-Inseln) ansetzte. Für November 1944 war dann ein gemeinsamer Offensivschlag gegen die Philippineninsel Mindanao, für Dezember gegen Leyte geplant.

Die Angriffe gegen Morotai und Peleliu liefen gleichzeitig am 15. September 1944 an; Angaur folgte zwei Tage danach. Die Inseln sollten die Amerikaner schließlich 10451 Ausfälle kosten.

Auf Morotai wurde die VII. Amphibious Force (Admiral Daniel E. Barbey) angesetzt, die der 7. Flotte (Kinkaid) unterstand. Morotai fiel nicht leicht, denn die Japaner wehrten sich unter Major Takenobu Kawashima sehr hart. Die Feindluftwaffe war nur schwach. So kamen in den ersten Tagen 17000 Soldaten an Land, 28000 folgten bis November. Die Gesamtverluste betrugen 44. Dann wurden schnell Flugplätze gebaut, um die Südphilippinen, Celebes und Borneo bomben zu können.

Der Stoß gegen die westlichen Karolinen wurde schwieriger, denn auf den Palau-Inseln warteten 36000 Japaner: 10000 auf Yap, 15000 in Angaur, 11000 auf Peleliu.

Die verstärkte 1. Marinedivision (28000 Mann) griff Peleliu an, während eine Infanteriedivision Angaur stürmte. Alle Landungskräfte waren modernisiert worden, auch die Minensuchgruppen (sechs schnelle Minensucher, sechs große Minensuchboote, neun Räumboote, zwei Minenleger). Die Geleitträgergruppe bestand aus zwölf Geleitträgern und 13 Zerstörern. Weitere Einheiten sicherten die Brennstoffgruppe (24 Tanker, 24 Zerstörer). Die Landung wurde durch fünf alte Schlachtschiffe, acht Kreuzer und vier Zerstörer unterstützt und von acht großen, acht leichten Trägern, sieben Schlachtschiffen, 14 Kreuzern und 60 Zerstörern vorbereitet und gesichert – eine gewaltige Armada.

Vor der Landung führte Halsey Vorstöße mit den Trägerkampfgruppen: vom 31. August bis 2. September 1944 gegen die Bonin-Inseln; vom 7. bis 10. September gegen die Flugplätze und Häfen in den südlichen Philippinen, wobei viel feindlicher Schiffsraum zerstört wurde. Die Marinekräfte wiederum schickten einen Geleitzug (35 Küstenschiffe) der Japaner auf Grund. Erst wollte Halsey sechs Tage lang bomben lassen, aber nachdem 60 Feindmaschinen erledigt waren, brach er die Aktion am 10. September ab. Schon drei Tage später steuerte er die Philippinen an. Über 300 japanische Flugzeuge, 30 Frachter, etliche Prahme und Sampans wurden vernichtet. Dann teilte Halsey seine Trägerflotte; eine Gruppe griff bei Morotai mit ein, die andere lief zu den Palau-Inseln ab.

Peleliu war gut ausgebaut: Land-, Seeminen, Kampfstände, Geschützbatterien, Pak, MG – und entschlossene Verteidiger.

Für die Invasion hatte Halsey die III. Amphibious Force (Admiral Thomas S. Wilkinson) bereitgestellt.

15. September 1944. Unter dem Feuerschirm der Bomber beseitigten UDT-Männer viele Strandhindernisse, schufen minenfreie Landungsgassen. Die alten Schlachtschiffe dampften bis 1500 Meter an die Küste hinan und schmetterten 6000 Tonnen Munition in die Feindstellungen. Dann brausten die Landungsboote mit Infanterie, Amtraks und Dukws los. Der Landgang wurde leicht, nur um einen stark befestigten, den Flugplatz beherrschenden Höhenzug tobten sechstägige Kämpfe. Dort focht Oberst Kunio Nakagawa mit seinen Männern wie ein Berserker. Die Amerikaner setzten dabei Panzer, Artillerie, Mörser und Flammenwerfer ein; sie sprengten und schossen die einzelnen Widerstandsnester aus dem Fels.

Am 23. September setzten die Japaner 14 Motorprahme für Nachschubzwecke ein, doch zwölf davon wurden durch die US-Deckungskräfte versenkt.

Der Flugplatz konnte am 16. Oktober seinen Betrieb aufnehmen, doch die Inselkämpfe hielten noch bis Ende November an und kosteten die Amerikaner 8000 Tote und Verwundete; nur 300 Japaner gaben sich gefangen.

Angaur wurde bei geringer Abwehr in fünf Tagen erobert. Auch das große Atoll Ulithi fiel schnell und wurde zu einer Versorgungsbasis großen Stils für die anstehende Philippinen-Offensive ausgebaut.

Leyte

Nach dem Abschluß der Marianen-Schlacht konnte man sich längere Zeit über die Folgeoperationen nicht einigen. Während MacArthur, Oberbefehlshaber im Südwestpazifik, von Neuguinea weiter zu den Philippinen und die japanischen Rohstoffzufuhren kappen wollte, trachtete Admiral Nimitz, im Inselspringen zu den Bonin-Inseln und nach Formosa zu gelangen, um von dort aus Japan invasionsreif bomben zu können. Hinter diesen vordergründig strategischen Divergenzen stand auch die Rivalität zwischen Armee und Marine. Sie trat noch mehr hervor, als die Joint Chiefs eindeutig Partei ergriffen: Admiral King unterstützte Nimitz, und General Marshall stellte sich hinter MacArthur. Admiral William D. Leahy, der gerade den Vorsitz bei den Joint Chiefs of Staff führte, suchte vergeblich nach einem Kompromiß. Und so mußte er Ende Juli 1944 endgültig aufgeben, denn die Fronten hatten sich verhärtet: Nimitz wollte mit dem Gros der Seestreitkräfte in Süd-Kyushu (Japan) landen. MacArthur bezeichnete dies als „Verrat" an den Filipinos; ihnen hatte er 1942 seine Rückkehr zugesagt. Schließlich wurde im Meinungsstreit der Präsident bemüht. MacArthur besuchte ihn in Honolulu und konnte ihn vom Vorteil einer Philippinen-Unternehmung überzeugen. Man beschloß also, am 15. November 1944 auf Mindoro zu landen, und zwar mit Heeres- und Marineverbänden. Zuvor sollte MacArthur noch Morotai, Nimitz Peleliu, Angaur und Ulithi nehmen. Man brauchte Luftbasen. Doch dann kam es anders.

Nach der Schlacht in den Marianen hatte Admiral William F. Halsey das Kommando der 5. Flotte von Admiral Raymond A. Spruance übernommen. Aus Tarngründen wurde nun Flotte 5 wieder zu Flotte 3, Mitschers Task Force 58 zu 38. Für die vorgesehene Landung auf Peleliu (Palau-Insel) stand die III. Amphibious Force (Wilkinson) bereit. Die VII. Amphibious Force (Barbey) blieb bei der 7. Flotte (Admiral Thomas C. Kinkaid), die MacArthur unterstand; er befahl, Morotai zu stürmen. Beide Landungsverbände erhielten Beschießungsgruppen (Fire Support Units), Minenräumer, UDT-Leute zugeteilt.

Am 9. September flogen Mitschers Trägerstaffeln Angriffe auf Feindplätze in Mindoro, später auf Leyte, Samar, Cebu, Bohol und Negros in den mittleren Philippinen. Es gab kaum Abwehr.

Dieser Umstand veranlaßte schließlich Halsey, am 13. September seinem Vorgesetzten Nimitz vorzuschlagen, auf die geplante Eroberung von Yap und anderen Inseln zu verzichten, auch Mindanao auszusparen und Mitte Oktober gleich in Leyte (Zentral-Philippinen) zu landen. Nimitz war einverstanden, verständigte die Joint Chiefs sowie MacArthur und stellte die für Yap angetretenen Kräfte zur Verfügung. Auch MacArthur stimmte zu. Die Joint Chiefs, gerade bei einer Konferenz in Kanada anwesend, entschieden sich innerhalb von 90 Minuten, beauftragten den zum Supreme Commander (Oberster Befehlshaber) für diese Operation ernannten MacArthur mit der Planung der Leyte-Invasion und schlugen als D-Tag den 20. Oktober vor. Die Besetzung von Morotai, Peleliu und Angaur sollte jedoch vorangehen. Für das Leyte-Unternehmen mußte Nimitz das XXIV. Korps, Garnisonstruppen, eine Reservedivision (zusammen 90000 Mann), alle Geleitträger, Landungs- und Bombardementskräfte abtreten. Sie kamen zur 7. Flotte (Kinkaid). Aber die 3. Flotte (Halsey), U-Boot- und Marineluftverbände des Zentralpazifiks behielt Nimitz und wies sie an, die Landung zu unterstützen. Die Grenze beider Befehlsbereiche verlief östlich der Philippinen in Nordsüdrichtung. Mit dieser Regelung war der spätere taktische Schnitzer schon vorprogrammiert.

Die Japaner waren in einer prekären Lage, obgleich es nicht so aussah. Die Armee war jedenfalls noch intakt, führte in China eine Offensive, beherrschte die Sunda-Inseln, Malaya und Burma. Dort allerdings gab es Schwierigkeiten, denn alle Truppenbewegungen wurden durch Schlechtwetter, Krankheiten, fehlende Straßen gehemmt. Nachdem Admiral Mountbatten dort das Oberkommando übernahm, auf der Ledo-Straße durch das Gebirge Nachschub für Tschiang Kaischeks Truppen rollte, sah es für die Japaner schlecht aus. Die Gesamtlage bot sich so dar: Südostasien noch großteils im Besitz; äußerer Abwehrgürtel verloren, der innere angeschlagen; Marine- und Luftwaffenverbände geschwächt. Während das Heer noch relativ gut dastand – es gab genug Truppen, Waffen, Vorräte –, fehlten der Marine die elementaren Mittel: Treibstoff, Schiffsraum. Die Wege zu den Rohstoffgebieten kontrollierten die Amerikaner.

Eine zentrale Rolle spielten dabei die Philippinen; sie schützten die für Japan lebenswichtigen Seeverbindungen und bildeten eine strategische Schlüsselposition.

Das Oberkommando rechnete mit einem Angriff auf diese Inselgruppe und wußte, daß mit ihrem Verlust auch der Krieg verloren war. Einen ersten Tip für die Philippinen-Invasion der Amerikaner gaben die Russen. Das sowjetische Außenministerium informierte den japanischen Botschafter, daß die amerikanische 14. und 20. Army Air Force von China aus die Philippinen bombardieren sollten. Andere Fakten erhärteten den Verdacht.

Für das einfuhrabhängige Land Japan ging es jetzt um Lebensfragen, und es gab daher auch für Admiral Teijiro Toyoda, Oberbefehlshaber der Vereinigten Japanischen Flotte, keine Alternative; denn ohne Öl konnte die Flotte weder fahren noch kämpfen; also mußte sie bei den Philippinen ihre Entscheidungsschlacht suchen.

Das Kaiserliche Hauptquartier hatte nach der Marianen-Niederlage sogenannte „Sho-Go“- („Siegesoperation“) Pläne mit den dazugehörigen Befehlsfaszikeln zur Verteidigung aller bedrohten Gebiete aufgestellt, in denen der Philippinen-Gruppe Priorität eingeräumt worden war: Sho-Go 1 galt also für die Philippinen; Sho-Go 2 betraf den Raum Südjapan – Formosa; Sho-Go 3 war für Süd- und Mitteljapan vorgesehen; Sho-Go 4 bezog sich auf Nordjapan. Das Grundkonzept war bei allen gleich: einen Schiffsverband als Köder anbieten und den Feind mit der Restflotte vernichten. Als Lockvogel diente dann schließlich der Trägerverband (vier Einheiten); man wollte sie notfalls sogar opfern, um mit dem noch starken Schlachtschiff-Aufgebot die US-Landungs- und Transportkräfte erledigen zu können. Bis zur Ausgabe des Stichwortes „Sho“ sollten sich vorerst alle Luft- und Landstreitkräfte mit Aktionen zurückhalten. Erst wenn das Ziel exakt feststand, würde General Yoshijiro Umezu, Nachfolger von Sugiyama und Tojo, den Angriffsbefehl geben.

Wie stand es um das japanische Heer? In Südostasien (außerhalb Chinas) waren 925000 Soldaten stationiert; davon in der „Armeegruppe Süd“, die Feldmarschall Chichi Terauchi von Manila aus führte, zehn Divisionen und sechs Brigaden. Die Philippinen wurden von 260000 Mann gehalten: 14. Armee (General Hobun Yamashita: Sieger von Singapur und Bataan); 35. Armee (General Sosaku Suzuki). Auf der Insel Leyte, dem Invasionsziel der Amerikaner, lagen Teile der 16. Infanteriedivision (Generalmajor Shito Makino); das 2. Kommando (Kawashima) war nach Morotai, das 2. Infanterieregiment (Nakagawa) nach Peleliu detachiert worden.

Ein Problem blieb: Wie konnten angesichts feindlicher Luftüberlegenheit die notwendigen Truppenverschiebungen über See durchgeführt werden? Man fand dafür zwei Wege: Erstens sollten die Transporter dem örtlichen Oberkommando unterstellt bleiben, und zweitens hatten alle Inselbesatzungen den Gegner mit allen Mitteln zu vernichten. Eine zu optimistische Vorstellung!

Die Amerikaner bereiteten den Philippinen-Seezug gründlich vor.

MacArthur machte sich in Hollandia (Neuguinea) mit seinem Stab über die Planung her, ließ hier und auf Manus (Seeadlerhafen) Landungs- und Transportkräfte zusammenziehen, während Halsey inzwischen auf japanische Luft- und Schiffsverbände einschlug.

Am 21. und 22. September 1944 sollten Mitschers Trägergeschwader über Luzon sein, wo an die 500 Feindflugzeuge auf mehreren Plätzen standen. Aber in der Trägerposition, 70 Seemeilen östlich, war das Wetter miserabel. Als jedoch das Radar über dem Ziel japanische Flugtätigkeit erfaßte, schloß man dort auf gute Sichtverhältnisse und startete. Der Einsatz lohnte sich, denn in Manila wurden drei Tanker, 20 Handelsfrachter, drei Zerstörer, ein Dock und etliche Kleinfahrzeuge vernichtet. US-Jäger schossen bei geringen Eigenverlusten über 100 Gegner vom Himmel und demolierten noch mehr am Boden.

Die nächsten Angriffe fielen wegen des Unwetters aus, und der Trägerverband pflügte nach Süden. Schon bald konnten im Inselgewirr zwei Tanker und mehrere andere Schiffe zerstört werden, so daß die Japaner im Zeitraum vom 31. August bis zum 24. September 1944 einbüßten: 1000 Flugzeuge, 150 Schiffe, viele Küstenfahrzeuge und Sampans. Einschließlich des Palau-Einsatzes verloren die Amerikaner in dieser Zeitspanne nur 114 Flugzeuge.

Auch im Oktober wurde weitergebombt. Am Monatsanfang spielte ein Taifun Schicksal. Er zertrümmerte zwar in Ulithi etliche Landungs- und Amphibienfahrzeuge, bot aber mit seiner Norddrift, Wolkenbrüchen und Sturmböen Halseys 3. Flotte eine willkommene Tarnung und erhielt die Bezeichnung „Task Force Null". Nur die Ölübernahme wurde beschwerlich. Doch die Flotte hängte sich hinter den Wirbelsturm. Während ein kleiner Verband aus Kreuzern und Zerstörern bei Marcus auffällig manövrierte, bezog die Flotte unbemerkt vor Okinawa – Ryukyu-Insel zwischen Formosa und Japan – Position. Und am 10. Oktober fielen 340 Maschinen über die Häfen und Flugplätze Okinawas her, vernichteten 30 Flugzeuge, versenkten und beschädigten 75 Schiffe, wobei die Jabos erstmals Raketen einsetzten. Um den Südmarsch der Flotte vorzutäuschen, flogen die Trägermaschinen 300 Seemeilen weit bis Luzon, während Halsey Formosa ansteuern und es vom 12. bis 16. Oktober angreifen ließ. Auf der Insel lag auch das Hauptquartier der 2. Luftflotte, die Vizeadmiral Fukudome, früher Admiralstabschef bei Yamamoto und Koga, führte. Seine 500 Flugzeuge waren auf Formosa und Südjapan verteilt; 200 weitere Maschinen standen auf den Philippinen, 200 im Raum Tokio. Aufgrund der Lageentwicklung wurden erstmals Heeres-Flugverbände für

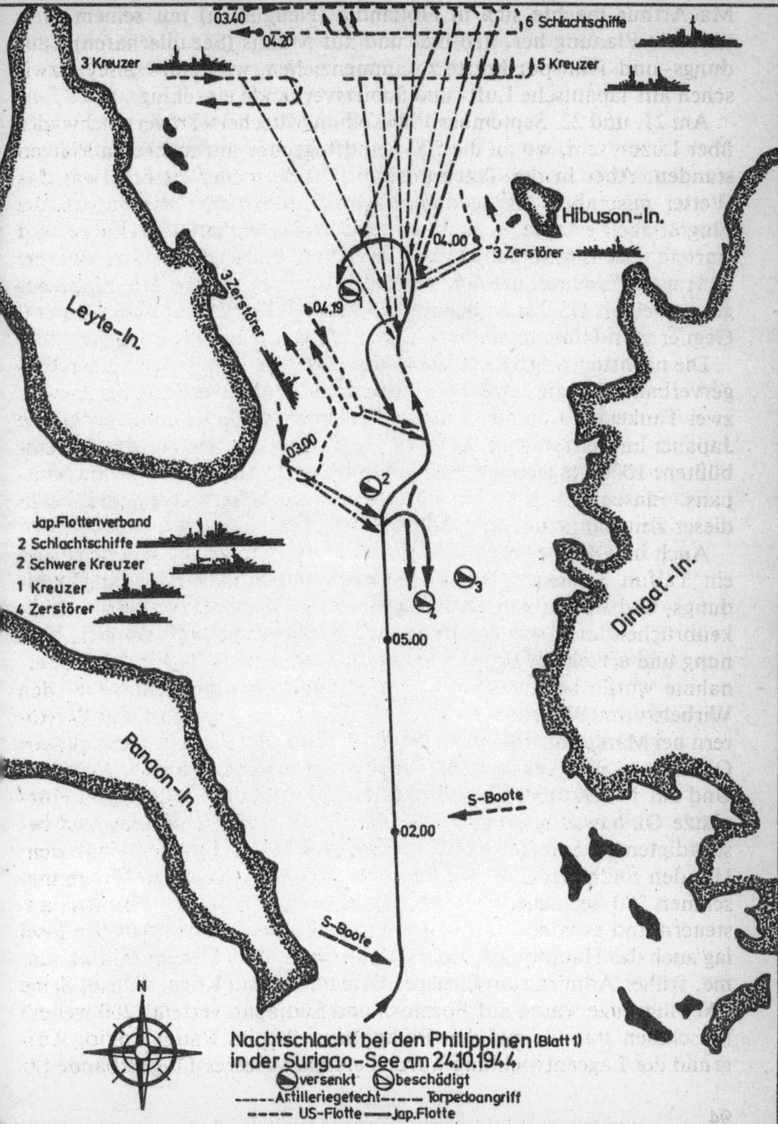

Nachtschlacht bei den Philippinen (Blatt 1) in der Surigao-See am 24.10.1944

den Bereich Hainan – Formosa und Hokkaido (Nordjapan) unter Marinekommando gestellt. Auf den Philippinen waren 250 Armeeflugzeuge stationiert, weitere Kontingente im Mutterland und in China.

Fukudome bildete aus dem Kader des Flugpersonals einen „Taifun-Angriffsverband", um damit die US-Flotte bei Nacht oder schlechtem Wetter zu zerschlagen. (Diese Idee war ihm schon 1937 als Erstem Admiralsstabsoffizier gekommen.) Er ließ sich jedenfalls nicht überraschen, denn als US-Trägermaschinen in der Frühe des 12. Oktober über Formosa kreisten, hatte er seine Jagdkommandos schon in der Luft. Sie holten 43 Amerikaner herunter, büßten jedoch viermal so viele eigene Maschinen ein. Am nächsten Tag warfen US-Flugzeuge Rollfelder und Häfen in Schutt. Als in der Dämmerung sieben japanische Torpedomaschinen die Träger anflogen, wurden sie weggeschossen, aber ein Torpedo erwischte den Kreuzer „Canberra", der dann über 1300 Seemeilen weit bis Ulithi abgeschleppt wurde.

Auch am 14. Oktober wurden Formosa und Nordluzon gebombt. Als runde 80 japanische Jäger die Träger attackierten, wurden fast alle abgeschossen; es waren unerfahrene Japaner, blutjunger Nachwuchs.

Den ganzen 16. Oktober über kam es zu Scharmützeln und Luftkämpfen über der See, während B-17-Fortresses von chinesischen Plätzen aus Formosa bombten. Wieder verloren die Japaner 600 Flugzeuge, die Amerikaner nur 89. Aber wie immer „frisierte" die japanische Propaganda diese Zahlen und meldete die Feindverluste mit: 19 Trägern, vier Schlachtschiffen, zehn Kreuzern und Zerstörern, 1200 Flugzeugen. Und wieder einmal mußte die japanische Planungsspitze mit falschen Angaben hantieren, woraus zwangsläufig fehlerhafte Entschlüsse resultierten.

Die Insel Leyte liegt im Zentrum und an der Ostseite der Philippinen-Gruppe. Die Amerikaner leiteten die Invasion dieser Insel schon am 15. September mit Landungen auf Morotai und Peleliu ein. Zwei Tage danach griff eine verstärkte Infanteriedivision Angaur an. Oberst Kunio Nakagawa (auf Peleliu) und Major Takenobu Kawashima (auf Morotai) kämpften mit ihren Soldaten wie Berserker, so daß die Amerikaner von 45000 eingesetzten Männern 10451 als tot und verwundet registrierten. Trotzdem wurden die Ziele genommen. Schon Anfang Oktober flogen Jäger der 5. Air Force (Kenney) Einsätze, Bomber von hier auf die Philippinen-Route. Nachdem ein US-Infanterieregiment noch das Ulithi-Atoll kampflos besetzte, waren alle Voraussetzungen zur Leyte-Invasion erfüllt.

Die Amerikaner hatten ihre Seestreitkräfte neu gegliedert. Diesmal lag das Schwergewicht bei der 7. Flotte (Kinkaid), die allein über 738 Einheiten verfügte. Die „Northern Attack Force“ (Nordangriffsgruppe) unter Admiral Daniel E. Barbey bildete den einen, die „Southern Attack Force“ (Südangriffsgruppe) mit Admiral Thomas S. Wilkinson an der Spitze den anderen amphibischen Kampfverband. Die „Escort Carrier Group“ (Admiral Thomas L. Sprague) bestand aus 18 Geleitträgern, „CVE“ genannt: kleine, schnelle umgebaute Handelsschiffe mit Flugdeck für 18 bis 36 Maschinen. Zwei Schlachtschiffgeschwader, die „Fire Support Unit North“ (Admiral George L. Weyler) und „Fire Support Unit South“ (Admiral Jesse B. Oldendorf) sorgten für massive Feuerunterstützung; hinzu kamen noch 16 Raketenschiffe („lance-rocket“). Die U-Bootflottille (Task Force 71,1) befehligte Admiral Ralph W. Christie. Insgesamt 151 LST (Landungsschiffe für Panzer und Amphibienwagen) und 72 LCI (Landungsboote für Infanterie) würden den Transport an Truppen und Gerät von der Flotte ins Ziel übernehmen. Für die Landung waren das XXIV. Korps (General John Hodge) und X. Korps (General Franklin C. Sibert) der 6. Armee (General Walter Krueger) vorgesehen, zusammen 80900 Soldaten, die auf 58 Transportern verladen wurden. Von der 3. Flotte (Halsey) war die Task Force 38 (Mitscher) und die aus U-Booten bestehende Task Force 12 (Admiral Charles A. Lockwood) zur Unterstützung detachiert.

Schon am 11. Oktober dampften die langsamen Minensucher als erste mit Kurs auf die Philippinen los, und in den Tagen danach zogen, genau nach Zeitplan, weitere Schiffsgruppen nach. Auf dem Kreuzer „Nashville“ fuhr auch der Supreme Commander, General Douglas MacArthur, mit. Der extravagante, als arrogant geschilderte Mann (er trug seidene Kimonos und ließ sich Hibiskusblüten täglich von Sidney herüberfliegen) betrug sich an Bord „liebenswürdig-distanziert“, aß, was die Ordonnanz brachte, und mischte sich nicht in die Kompetenzen des Kommandanten (auf See hatte ohnehin die Navy das Sagen); nur weigerte er sich strikt, bei Fliegeralarm Stahlhelm und Schwimmweste zu tragen.

Am 17. Oktober, morgens, besetzten Vorauskommandos zwei kleine, dem Leyte-Golf vorgelagerte Inseln mit dem Auftrag, die ankommende Flotte mit Lichtsignalen einzuweisen. Sie veranlaßten auch die Japaner zum Handeln.

Mit der Luftschlacht über Formosa verbanden Toyoda und Fukudome den Verdacht einer US-Operation großen Stils und verständigten das Hauptquartier in Tokio. Doch General Yoshijiro Umezu wollte mit dem Befehl für „Sho 1“ noch warten, bis das genaue Angriffsziel bekannt war. Bald darauf avisierte Toyoda, daß Feindzerstörer Ansteuerungsbaken im Leyte-Golf aussetzten. Als dann am 18. Oktober, früh, Minensucher, sechs Schlachtschiffe, elf Kreuzer und 23 Zerstörer Lichtsignale am Golf ansteuerten, gab Umezu das Stichwort „Sho 1“ aus. Die Abwehrmaßnahmen liefen an.

Die japanische Luftwaffe für Sho 1 umfaßte drei Großverbände mit 600, meist landgestützten Flugzeugen: 1. Luftflotte (General Teraoka) auf Luzon und Cebu; 2. Luftflotte (Admiral Shigeru Fukudome) mit Schwerpunkt Formosa – Ryukyu – Kyushu; 4. Luftflotte (General Koyoji Tominaga) mit je einer Division (200 Zero- und Sally-Maschinen) auf Luzon – Samar – Negros – Cebu – Borneo. Die Seeflieger unterstanden Toyoda und sollten nur Schiffe angreifen. Die Heeresflieger befehligte der „Oberbefehlshaber Süd“ (Terauchi); sie hatten die Landeköpfe zu zerstören. Größte Hoffnung aber setzte man in Tokio auf den Sonderverband der „Kamikaze“-Piloten, („Kamikaze Tokubetsu Kogekitai“), auch „Götterwind“ genannt. Dieser legendäre Sturm hatte am 14. August 1281 das Geschwader des Mongolenführers Kublai-Khan vernichtet. Und nun sollten diese „Opferflieger“, die sich mit ihren Zero-Jagdmaschinen und Bomben auf die US-Schiffe werfen würden, diesen historischen Sturm neu entfachen und den Feind zerschmettern.

Admiral Teijiro Toyoda alarmierte seine Flotte. Von der japanischen Binnensee bis hinunter nach Singapur slippten nun die japanischen Schiffe mit den typischen Pagodenmasten die Anker und gingen auf Philippinen-Kurs.

In der Nacht zum 20. Oktober erreichte die US-Streitmacht auch das Ziel. Am nächsten Morgen, um 9.45 Uhr, begannen Trägerflugzeuge, Armeebomber, Raketen-, Schlachtschiffe, Kreuzer, Zerstörer mit dem Feuerschlag auf die Landestreifen in Leyte.

Um 10.30 Uhr brausten die ersten Wellen vom X. (Sibert) und XXIV. Korps (Hodge) mit Landungsbooten los und gingen bei Tacloban (Nordostküste) an den flachen Strand. Die japanische Abwehr war schwach. Kurz vorher hatten sich drei Infanterieregimenter in den Gebirgsdschungel abgesetzt und warteten auf Verstärkungen. Mit dem Invasionsbeginn schwärmten nun auch die US-Trägergeschwader aus, um jeden Feindnachschub zu unterbinden. Trotzdem brachte Fukudome 450 Flugzeuge nach Luzon hinüber.

Schon vier Stunden nach dem Angriffsbeginn watete auch MacArthur ans eben eroberte Ufer. Vor genau zweieinhalb Jahren hatte er die Philippinen verlassen müssen, wo er 41 Jahre zuvor als Absolvent der Kriegsschule in West Point sein erstes Kommando erhalten hatte.

Oberst Carlos Romulo, Führer der verbündeten Filipino-Verbände, sagte zum „Landgang“: „Da war der große MacArthur, das Wasser reichte ihm bis zu den Knien, und hinter ihm war der kleine Romulo, der versuchte, seinen Kopf über Wasser zu halten.“

Vorn beim Signal-Corps rief der Supreme Commander im Regen ins Mikrofon: „Das ist die Stimme der Freiheit. General MacArthur spricht ... Volk der Philippiner, ich bin zurückgekehrt. Durch die Gnade des Allmächtigen Gottes stehen unsere Kräfte wieder auf philippinischem Boden ... geheiligt im Blut unserer beiden Völker ... Der Geist von Bataan und Corregidor möge uns führen!“

Die japanische 16. Division leistete nur geringen Widerstand. Amerikaner und Filipinos bildeten Brückenköpfe; 132400 Mann und 200000 Tonnen Nachschub kamen an Land. In nur vier Tagen wurden die Landezonen vereinigt, der Vormarsch begann. Im Leyte-Golf aber tobte die größte Seeschlacht der Geschichte.

Die japanische Flotte lag weit verstreut: Schlachtschiffe in Lingga (110 Seemeilen östlich Singapur); Träger und leichte Kräfte in Japan; einige Verbände bei Okinawa, andere in den Philippinen, wieder andere bei Brunei (Borneo).

Am 18. Oktober lief die Lingga-Gruppe aus und übernahm in Brunei Treibstoff. Um die Landestelle vor Leyte zweiseitig packen zu können, teilte sie sich. Die (stärkere) Nordgruppe hatte Auftrag, die San Bernardino-Straße zu passieren und von Norden her anzugreifen. Der Rest sollte durch die Surigao-Straße den Zielpunkt erreichen. Die südliche Gruppe schließlich, mit Kreuzern und Zerstörern verstärkt, hatte ebenfalls Leyte anzulaufen.

Die Gliederung der Angriffskräfte:

„Nördliche Angriffsgruppe“ (Vizeadmiral Takeo Kurita): fünf Schlachtschiffe („Yamato“, „Musashi“, „Nagato“, „Kongo“, „Haruna“), zehn Schwere Kreuzer („Atago“, „Takao“, „Chokai“, „Myoko“, „Haguro“, „Maya“, „Tone“, „Chikuma“, „Kumano“, „Suzuya“), zwei Leichte Kreuzer („Noshiro“, „Yahagi“), 15 Zerstörer.

„Südliche Angriffsgruppe“ (Vizeadmiral Shoji Nishimura): zwei Schlachtschiffe („Yamashiro“, „Fuso“), ein Schwerer Kreuzer („Mogami“), vier Zerstörer.

5. Flotte (Vizeadmiral Kiyohide Shima): zwei Schwere Kreuzer („Nachi“, „Ashigara“), ein Leichter Kreuzer („Abukuma“), vier Zerstörer.

Hauptflotte (Vizeadmiral Jizaburo Ozawa): ein großer Träger („Zuikaku“), drei leichte Träger („Zuiho“, „Chitose“, „Chiyoda“), zwei umgebaute Schlachtschiffe („Ise“, „Hyuga“), drei Leichte Kreuzer („Oyoda“, „Tama“, „Kiso“), zehn Zerstörer.

Alle Träger zusammen hatten 116 Flugzeuge (52 Jäger, 28 Jabos, 29 Torpedoflugzeuge, sieben Bomber) an Bord.

Admiral Kurita konnte mit der Nordgruppe auf verschiedenen Wegen durch das Inselgewirr die San Bernardino-Straße finden, aber er wählte trotz U-Bootgefahr die enge Passage nördlich der Insel Palawan, um der US-Luftwaffe zu entgehen. Aber er hätte besser die Route südlich der Insel nehmen sollen.

Aufgabe: Alle Verbände sollten in der Dämmerung des 25. Oktober im Golf von Leyte eintreffen und die Landungsflotte angreifen. Ozawas Auftrag war, in Richtung Luzon zu dampfen, Halseys 3. Flotte, die bei der Landung Sicherung fuhr, wegzulocken, um den Weg für Nishimura und Kurita nach Leyte freizumachen. Diese Aktionen sollten die Kamikaze-Formationen unterstützen. Schon am 15. Oktober hatte sich Konteradmiral Masabumi Arima, von einem philippinischen Platz aus startend, mit einer Zero wegweisend in den Tod gestürzt. Als Vizeadmiral Takijiro Onishi am 17. Oktober das Kommando über die Erste Luftflotte übernahm, gab es auf den Philippinen nur 100 einsatzfähige japanische Flugzeuge. Und er wußte, daß in der Nähe 20 bis 30 US-Träger standen. Was lag näher, als sie mit Kamikazes anzugehen. Zwei Tage später erklärte Onishi vor seinen Gruppenführern: „Das Schicksal des Kaiserreiches hängt von dieser Operation ab ... Unsere Überwasserstreitmacht ist bereits in Marsch gesetzt ... Es ist die Aufgabe unserer Ersten Luftflotte, landgestützte Luftabsicherung für Admiral Kuritas Vorstoß zu geben ... Um dies zu erreichen, müssen wir die Trägerschiffe des Feindes treffen und sie mindestens eine Woche lang neutralisieren. – Meiner Meinung nach kann man nur auf eine Weise sicherstellen, daß unsere schwachen Kräfte maximal erfolgreich eingesetzt werden, und zwar, unsere bombenbeladenen Jagdmaschinen hineinzujagen in die Decks der feindlichen Trägerschiffe.“

So also stand es um „Sho 1“: Einsatz aller schwimmenden und fliegenden Einheiten, und das waren nicht mehr viele: vier Träger, zwei Schlachtträger, sieben Schlachtschiffe, 19 Kreuzer, 33 Zerstörer, 500 bis 700 (meist landgestützte) Flugzeuge. Der Aufmarsch und die Abwicklung der Sho-1-Operation waren kompliziert und deshalb schon störanfällig; zuviel hing dabei von Umständen und Zufällen ab. Die Kampfgruppen kamen aus verschiedenen Richtungen über weite Entfernungen: Kurita und Nishimura verließen Lingga Reede und trennten sich bei Brunei (Nordwestborneo), um beiderseits Palawan vorbeizulaufen;

Shima fuhr exakt Nordsüdkurs, westlich vorbei an Formosa, Luzon und drang zwischen Palawan und den Calamianes-Inseln in die Sulu-See vor, um sich dort mit den anderen beiden zu treffen; Ozawa wiederum kam von der südjapanischen Insel Shikoku herunter und steuerte eine Position nordöstlich Luzon an, um die US-Träger zu stellen.

Alles, was die Japaner aufboten, wog wenig gegen die US-Kräfte. Hinzu kam, daß Toyoda weitab, von Tokio aus, führte, während seine Kontrahenten „direkt vor Ort“ entscheiden konnten, obwohl komplizierte Befehlsstrukturen vorlagen. Wie schon erwähnt, war MacArthur zugleich Oberbefehlshaber im Südwestpazifik, bei der Leyte-Invasion, und er kommandierte auch die 7. Flotte (Kinkaid), während er über die 3. Flotte (Halsey) nichts zu verfügen hatte; die unterstand Nimitz. Er und MacArthur wiederum erhielten ihre Weisungen von Washington.

Kinkaids 7. Flotte, im Kern 18 Geleitträger, sechs alte Schlachtschiffe (fünf wurden aus dem Schlamm in Pearl Harbor geholt), acht Kreuzer, einige Dutzend Zerstörer, Fregatten, Geleitzerstörer, Schnellboote und andere Kleinfahrzeuge, hatte für die Armee den Landbeschuß, Luftnahunterstützung, U-Boot- und Luftabwehr durchzuführen.

Halseys 3. Flotte (die stärkste der Welt) fuhr mit acht großen Trägern, acht leichten Trägern, sechs schnellen Schlachtschiffen, 15 Kreuzern und 58 Zerstörern ins Gefecht, um „Einheiten des Befehlsbereiches Südwestpazifik (MacArthur) abzuschirmen und zu unterstützen und bei der Eroberung und Besetzung von zentral-philippinischen Zielen Hilfestellung zu leisten“ (hieß der offizielle Auftrag). Er sollte also gegnerische Luft- und Seestreitkräfte vernichten, welche die Invasion bedrohten. Aber der unklare Befehlszusatz mußte später (nach Halseys Auslegung) fatale Folgen haben; er hieß: „Falls eine Gelegenheit zur Vernichtung größerer Einheiten der feindlichen Flotte geschaffen werden kann oder sich anbietet, muß dies als Vorrangaufgabe angesehen werden.“ Halsey unterstand zwar weiterhin Admiral Nimitz, doch es lautete da ein Passus: „... werden ihre Befehlshaber ... die notwendigen Maßnahmen für eine detaillierte Koordinierung der einzelnen Operationen (Dritter Flotte) ... und (Siebenter Flotte) treffen.“

Beide Flotten verfügten zusammen über 32 Flugzeugträger (1000 bis 1400 Flugzeuge), zwölf Schlachtschiffe, 23 Kreuzer, 200 Zerstörer und Geleitzerstörer, zahlreiche Hilfs- und Landungsschiffe.

Angesichts dieser Kräfteverhältnisse hatten die Japaner kaum eine Chance. Deshalb mußten sie taktisch besonders klug und meist nachts operieren.

Zuerst schlugen die amerikanischen U-Boote zu. Es war die Ouvertüre zur großen Schlacht im Leyte-Golf. Von den Tauchbooten kreuzten ganze Rudel im Operationsgebiet; bei Manila, Formosa, Hainan, Singapur. Sie bewachten die Einfahrten zur japanischen Inlandssee, Passagen bei Palawan, die Makassar-Straße und andere Engstellen. Admiral Ralph W. Christie hatte sogar beiderseits der Insel Palawan und westlich von Luzon die Tauchboote als Vorpostenkette aufgestellt.

Die US-U-Boote „Darter" (McClintock) und „Dace" (Claggett) bezogen schon am 3. Oktober vor Palawan Position. Sie schickten einen Tanker und einen Frachter auf Grund. Am 22. Oktober sollten sie heimkehren. Doch drei Tage vorher sichteten die Kommandanten plötzlich zwei Feindzerstörer auf und ab stehen, und am 21. Oktober gesellten sich sogar Kreuzer dazu. Das war verdächtig. Und richtig: Sie fingen eine Funkmeldung über einen anmarschierenden Konvoi ab. Plötzlich merkten die japanischen Zerstörer etwas und jagten die US-Tauchschiffe. Aber trotz des sich ergebenden Geplänkels blieben die Amerikaner weiter auf Position. Die Zähigkeit lohnte sich; denn am 23. Oktober, eine Stunde nach Mitternacht, orteten sie einen gegnerischen Verband: Admiral Takeo Kurita. Mit Radar verfolgten sie den Feind, blieben hart dran; die Meldungen waren für Kinkaid und Halsey gleichermaßen wichtig. Kurita fuhr in zwei Kolonnen, und die beiden Boote fuhren beiderseits aufgetaucht mit. Die Japaner liefen 19 Knoten – die Amerikaner hielten mit, und „Darter" gab drei Fühlungshaltersignale. In der mondlosen Dunkelheit war es schwer auszumachen, doch die Japaner pflügten ohne U-Boot-Sicherung einher, zickzackten auch nicht, und die U-Boot-Kommandanten hörten auch kein verräterisches „Ping-ping" der Asdic-Suchgeräte von Zerstörern. Warum diese unbegründete Sorglosigkeit?

Die langen Kolonnen dampften unbekümmert weiter. Die „Darter" torpedierte Kuritas Flaggschiff (Schwerer Kreuzer „Atago") fünfmal, und es sank nach 19 Minuten. Kurita stieg mit dem Stab auf zwei Zerstörer über. Die übrigen Schiffe im Geleit drehten hart steuerbord ab – direkt auf „Dace" zu: Vier Torpedos bohrten sich in den Schweren Kreuzer „Maya", dessen Munitionskammern hochgingen. Inzwischen lief „Darter" Gegenkurs und setzte einen Torpedofächer auf den Schweren Kreuzer „Takao" an, der beschädigt stoppte und dann in Zerstörerbegleitung auf Borneo-Kurs ging. In der nächsten Nacht verfolgte „Darter" die defekte „Takao", rammte dabei ein Riff und kam nicht frei. Das Boot wurde versenkt, die Besatzung von „Dace" übernommen.

24. Oktober, 6 Uhr. Aufklärer der 3. Flotte starteten zur Überwachung der Straßen von San Bernardino und Surigao. Die U-Boot-Mel-

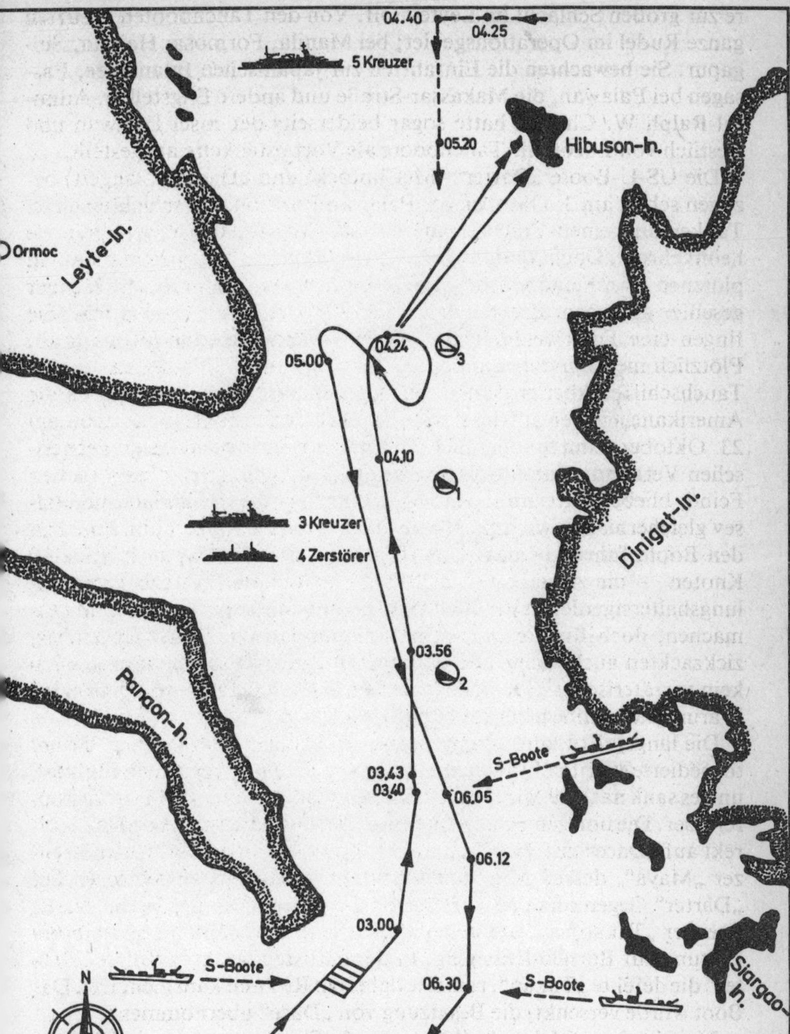

Nachtschlacht bei den Philippinen (Blatt 2)
in der Surigao-See am 24.10.1944

versenkt — beschädigt — US-Flotte — Jap. Flotte

dungen von „Darter“ und „Dace“ waren bereits eingegangen. Aber zu spät, um die Task Group 38.1 (Vizeadmiral John S. McCain) noch zurückhalten zu können, die zur Versorgung nach dem 600 Meilen entfernten Ulithi ablief. Und die anderen drei Kampfgruppen waren über 300 Meilen verstreut. Kinkaids alte Schlachtschiffe und kleinen Träger versorgten die Soldaten auf Leyte allein.

7.10 Uhr. Auf dem Schlachtschiff „New Jersey“ hatte „Bull“ Halsey die Flagge gehißt. Alle Flugzeuge waren auf den Trägern klar. Signale gellten: „Piloten in die Maschinen!“

7.46 Uhr. Leutnant Max Adams, „Helldiver“-Pilot, machte Kuritas Verband aus: Schiffe mit „Pagoden“-Masten und schnepfnasigem Bug. Er verständigte Halsey. Der gab die Meldung weiter an Nimitz, Kinkaid und alle Task Groups. McCain wurde zurückgerufen. Die 3. Flotte sammelte sofort vor der San Bernardino-Straße.

8.20 Uhr. Weit im Süden wurde Nishimuras Verband gesichtet: Schlachtschiffe „Fuso“ und „Yamashiro“, Schwerer Kreuzer „Mogami“, vier Zerstörer. Sie hielten Kurs auf Surigao. Flugzeuge der „Enterprise“ durchstießen schweres Flakfeuer und griffen an. „Fusos“ Katapult wurde getroffen, die Maschine zerstört. Trotzdem dampfte Nishimura weiter ostwärts. Halsey aber sammelte noch immer bei San Bernardino, um die japanischen Zentralkräfte zu schlagen. Nach Norden und Nordosten aber wurde nicht aufgeklärt(!), so daß Ozawas Träger noch unentdeckt südwärts gegen Luzon vorstoßen konnten.

Der Sho-Plan trat nun in seine dramatische Phase ein. Japanische Flugzeuge unternahmen von Philippinen-Basen aus wilde Attacken gegen die 3. und 7. Flotte. Die Träger „Langley“, „Princeton“, „Essex“ und „Lexington“ waren das Hauptziel. David McCampbell führte sieben „Hellcats“ von der „Essex“ gegen 60 japanische Flugzeuge, davon 30 „Zeke“-Jäger. In 95 Minuten schossen die Amerikaner ohne eigene Verluste 24 Japaner ab. Die „Princeton“-Jäger holten 34 Feinde vom Himmel, und die Jäger von „Lexington“ und „Langley“ einen Betty-Bomber und zwei Zekes.

9.38 Uhr. „Judy“-Maschinen brachen unbemerkt aus einer Wolke und warfen eine 550-Pfund-Bombe auf das Flugdeck der „Princeton“; sie durchschlug das Hangar-Deck und entzündete sechs Torpedo-Flugzeuge. Zwanzig Minuten später riß eine Explosionsserie das Flugdeck auf und schleuderte den achteren Flugzeugelevator hoch in die Luft. Die „Princeton“ brannte: Qualmwolken, Hunderte Männer im Wasser. Die Task Group stieß weiter südwärts in die San Bernardino-Straße vor, während die Kreuzer „Birmingham“ und „Reno“ sowie die

Zerstörer „Gatling“, „Irwin“ und „Cassin Young“ einen ganzen Tag lang versuchten, den Träger zu retten.

Inzwischen tauchte Kuritas Verband auf: fünf Schlachtschiffe, Kreuzer und Zerstörer. So etwas hatten die US-Piloten noch nie gesehen: Unter ihnen liefen die größten Schlachtschiffe der Welt, „Yamato“ und „Musashi“, jedes 69500 Tonnen.

Durch Torpedo wurde die „Musashi“ zuerst getroffen, verlor Öl, hielt jedoch das Tempo. Der Schwere Kreuzer „Myoko“ lief schwer beschädigt mit 15 Knoten allein zurück. In kurzer Zeit verlor Kurita vier seiner zehn Kreuzer.

12.03 Uhr. Zweiter Angriff der US-Trägermaschinen. Japanische Flak schoß sechs Amerikaner ab. Trotzdem erwischte es die „Musashi“ erneut: vier Bomben und drei Torpedos. Die Aufbauten waren zertrümmert, und mit dem Bug unter Wasser schlich sie hinter der Formation her. Eineinhalb Stunden später erhielt die „Yamato“ zwei Treffer am vorderen Turm, beim vierten Angriff nochmals Beschädigungen. Auch das alte Schlachtschiff „Nagato“ wurde zerstört.

14.05 Uhr. Als Kuritas Zentralkräfte in die Sibuyan-See vorstießen, hoben gerade die „Lexington“-Suchmaschinen ab. Sie sollten im Norden und Nordosten observieren. Bedeckter Himmel. Regen.

Die beschädigte „Princeton“, eingehüllt in Feuer und Rauch, schwamm noch immer, umgeben von Rettungsbooten.

Um Explosionen zu verhindern, spritzten die Kreuzer „Birmingham“ und „Reno“ sowie die Zerstörer „Morrison“, „Irwin“ und „Cassin Young“ Wasser über sie. U-Boot-Kontakte und ein feindlicher Luftangriff unterbrachen die Löscharbeiten.

15.00 Uhr. „Musashi“ wurde aus dem Gefecht gezogen. Aber nicht rechtzeitig. Der letzte und größte Angriff des Tages traf sie tödlich. In nur 15 Minuten schlugen zehn Bomben und vier Torpedos ein. Den Bug unter Wasser, fiel sie auf nur sechs Knoten ab – ein sterbender Gigant; bei der Sibuyan-Insel verlor er seinen langen Kampf, sank immer tiefer in der ruhigen See und verschwand bei Anbruch der Nacht mit der halben Besatzung.

Kurita war erschüttert. Er hatte keine Fliegerdeckung. Seine Originalstärke (fünf Schlachtschiffe, zwölf Kreuzer, 15 Zerstörer) war nun reduziert auf vier Schlachtschiffe, acht Kreuzer und elf Zerstörer. Alle noch verfügbaren Schlachtschiffe hatten Schäden und liefen maximal nur noch 22 Knoten. Und es bestand keine Aussicht, daß Ozawas Hauptverband die 3. US-Flotte bei San Bernardino vernichten würde.

15.23 Uhr. Kurita änderte plötzlich den Kurs nach Westen in die Sibuyan-Straße hinein. Er war noch 300 Meilen davon entfernt. Die US-Piloten meldeten den (vermeintlichen) „Rückzug" an Halsey; der aber vermißte noch etwas: die japanischen Träger! Die nördliche Task Group seiner Flotte wurde zwar von japanischen Flugzeugen angegriffen, doch das konnten ja auch landgestützte Maschinen sein, denn nirgends war ein Träger zu sehen. Also, wo standen sie?

Der Kreuzer „Birmingham" kam gerade längsseits der „Princeton", und auf dem Deck waren viele Leuten versammelt: Feuerlöschtrupps, Flak-Bedienungen, Sanitäter, Wachen. Zwischen Träger und Kreuzer lagen 15 Meter offenes Wasser, eine Leine war gespannt. Plötzlich riß ein mörderischer Schlag das Heck und Flugdeck der „Princeton" ab. Haushohe Stahlplatten flogen durch die Luft, trafen Brücke und Aufbauten der „Birmingham": 229 Tote, 420 Verwundete. Auch auf der „Princeton" blieb kein Feuerlöschmann unverwundet.

Captain John M. Hoskins hatte kurzfristig das Kommando auf dem Träger übernommen; jetzt war sein rechter Fuß abgerissen. Die „Princeton" schwamm jedoch noch auf ebenem Kiel, qualmte aber wie ein Vulkan.

16.40 Uhr. US-Maschinen fanden Ozawas Trägerkräfte. Die Nachricht elektrisierte die 3. Flotte. Als Ozawas Nordgruppe 130 Meilen östlich der Nordspitze von Luzon gesichtet wurde, schloß sie zwei „Hermaphrodites" ein: umgebaute Schlachtschiffe mit Flugdecks am Heck für 18 bis 30 Flugzeuge, die starten, aber dort nicht landen konnten. Die US-Piloten wußten auch nicht, daß die Träger gar keine Flugzeuge mehr hatten.

Die Kontaktmeldung aber entschied das Schicksal der „Princeton". Die Feuerlöschtrupps wurden zurückgezogen, der Rettungsversuch war beendet, und um 04.49 Uhr des 25. Oktober schoß die „Reno" zwei Torpedos in das flammende Wrack. Der Träger zerbrach und ging unter. Die „Birmingham" dampfte mit ihren Toten und Verletzten aus dem Gefecht in Richtung Ulithi. Kein Amerikaner hatte die „Princeton" sterben sehen, niemandem fiel auch auf, daß Kurita am frühen Nachmittag des 24. Oktober abermals seinen Kurs geändert hatte und um 17.14 Uhr mit der zwar angeschlagenen, aber immer noch starken Zentralmacht zurück zur San Bernardino-Straße fuhr.

19.50 Uhr. In der Tropendämmerung entschied sich Halsey und schickte Kinkaid, Chef der 7. Flotte, diese Nachricht: „Japanische Zentralkräfte schwer beschädigt gemäß Kampfbericht. Ich stoße mit drei Gruppen nach Norden und greife in der Dämmerung die Träger an."

Diese Meldung führte zu einem tragischen Mißverständnis. Kinkaid nahm nun an, Halsey würde seine drei Trägergruppen nach Norden nehmen und vier oder sechs Schlachtschiffe zur Bewachung der San Bernardino-Straße zurücklassen. Die führte Vizeadmiral Willis A. Lee, ein Klassenkamerad Kinkaids auf der Kriegsschule. Fazit: Die sechs größten Schlachtschiffe der Welt (ausgenommen „Yamato" und „Musashi") dampften dann während der großen Schlacht im Leyte-Golf jeweils 300 Meilen nach Norden und Süden, ohne überhaupt einen scharfen Schuß abzugeben.

Kinkaid, mit den Vorbereitungen der Nachtaktion in der Surigao-Straße beschäftigt, versäumte zu fragen, warum nicht die Task Force 34 (eben jene Schlachtschiffe) die Bernardino-Straße überwachte. Hätte Halsey ihm exakt mitgeteilt, daß er „mit allen verfügbaren Einheiten" nordwärts fahren würde, wäre viel Ärger, Blut und Schaden erspart geblieben. Denn: Kinkaid – sein Titel war „Kommandeur der zentral-philippinischen Angriffsstreitkräfte" – und seine 7. Flotte hatten nur den Auftrag, Truppen zu landen und zu versorgen, nicht aber mit den schwach armierten Schiffen Seegefechte auszutragen.

So marschierte denn die 3. Flotte nach Norden. Historiker nannten später diese Fahrt „Bulls Run". Nachtaufklärer der „Independence" beschatteten die japanische Nordgruppe. An die Träger erging der Befehl, bei Sonnenaufgang ihre Flugzeuge zu starten. Die San Bernardino-Straße aber blieb unbewacht. Nicht einmal U-Boote patrouillierten dort. Und statt klarer Absprachen gab es nun Konfusion, Spekulation. Die Folgen des Mißverständnisses blieben nicht aus. Kinkaid glaubte also, Halsey würde bei Bernardino aufpassen; der wiederum dachte, daß sich Kinkaid um die angeschlagenen Kräfte von Kurita kümmern würde.

Seit dem Morgen blieb die japanische Südgruppe verschwunden; nicht einmal ihre Position war bekannt. Kinkaid äußerte Zweifel: „Die Japaner wollen nachts durch die Surigao-Straße brechen." Er und Konteradmiral Jesse B. Oldendorf, sein „O.T.C." (Officer in Tactical Command) hatten schon Verfügungen für eine Überwasserschlacht bei Nacht getroffen, ein „Empfangskomitee" aufgestellt: Patrouillen-Torpedoboote in der Straße und vor dem Südzugang; drei Zerstörerstaffeln nahe der Mitte; am Ausgang, wo die Straße in den Leyte-Golf übergeht, sechs alte Schlachtschiffe und acht Kreuzer.

Und in diese Falle fuhr die japanische Südgruppe mit zwei Divisionen – eine unabhängig von der anderen. Nishimura machte den Anfang mit den Schlachtschiffen. „Fuso" und „Yamashiro", dem Kreuzer „Mogami" und vier Zerstörern. Nur 20 Meilen hinter ihm stand Shima mit drei Kreuzern und vier Zerstörern. Die Admirale waren ebenfalls Klassenkameraden auf der Marineakademie. Vielleicht ein Grund dafür, warum jeder für sich operierte – Karrierestreben?

23.00 Uhr. Ein Patrouillen-Torpedo-(PT-)Boot meldete den Feind, und 39 PTs griffen nun in Wellen Nishimuras Kräfte an. Japanische Zerstörer richteten ihre Scheinwerfer auf die kleinen Boote, ehe sie auf Torpedoreichweite heran waren. Zwar wurden drei Boote getroffen, doch Nishimura war nun gestellt, Kurs, Geschwindigkeit und Schiffe schon an Kinkaid gemeldet.

Auf dem Zerstörer „Remey" sagte der Kommandant R.P. Fiala durch Lautsprecher seiner Mannschaft: „Unser Schiff ist dafür ausgewählt, heute nacht einen ersten Torpedoangriff gegen die japanischen Verbände zu führen, welche unsere Landungen in Leyte stören wollten. Es ist unsere Aufgabe, die Japaner zu stoppen."

Die Zerstörer griffen an beiden Flanken der schmalen Straße an, und ihre Umrisse verschmolzen mit dem dunklen Land. Die Japaner in der Mitte konnten kaum die Schiffe und Landschatten unterscheiden.

Bei Sonnenuntergang am 24. Oktober erteilte Admiral Teijiro Toyoda den Befehl: „Alle Streitkräfte greifen an und vertrauen auf Gott!" Kurita brauchte diese Aufforderung nicht; denn trotz schwerer Verluste war sein Geschwader wieder auf Feindkurs und näherte sich dem von Halsey freigemachten Durchlaß zwischen den Inseln Samar und Luzon. Auch Nishimura dampfte der Surigao-Straße entgegen, während Shima aus Nordwesten herankam. Die Lageentwicklung entsprach genau den Plänen der Japaner: Ozawa lockte Halsey immer weiter von Leyte fort, während die drei anderen Verbände die letzten Meerengen passierten. Am nächsten Vormittag gegen elf Uhr wollten sie östlich des Leyte-Golfes zusammentreffen und die 7. US-Flotte vernichten.

Kinkaid betrachtete den heranfahrenden Gegner mit Sorge. Notgedrungen mußte er sich zur nächtlichen Artillerie-Schlacht bereitstellen. Er schickte unter dem taktischen Befehl von Admiral Jesse B. Oldendorf die aus dem Schlamm von Pearl Harbor heraufgeholten alten Schlachtschiffe „Mississippi", „West Virginia", „Maryland", „California", „Tennessee" und „Pennsylvania" sowie sieben amerikanische und einen australischen Kreuzer, 21 Zerstörer und 39 Schnellboote in die Surigao-Straße. Oldendorf legte die schweren Einheiten quer vor den Nordausgang der Enge.

25. Oktober, 03.00 Uhr. Nishimura fuhr in die Falle. Seit drei Stunden wehrte er schon die Attacken von US-Schnellbooten ab. Die Kapitäne Jesse B. Coward und Richard H. Philips unternahmen von beiden Ufern der Meerenge her einen ersten Torpedoangriff. Dabei wurde das

Schlachtschiff „Fuso“ schwer getroffen, der Zerstörer „Yamagumo“ versenkt, zwei andere Schiffe liefen aus dem Ruder. Aber unbeirrt marschierte Nishimura weiter und befahl anzugreifen.

04.00 Uhr. Als Nishimuras Verband nur noch 1 500 Meter vom US-Zentrum (Admiral George L. Weyler) entfernt war, kam es zum klassischen „Crossing the T“. Wie seinerzeit Admiral Togo bei Tsushima und Admiral Jellicoe vor Jütland, so konnte nur Oldendorf ganze Breitseiten auf den Gegner abfeuern, während dieser nur seine Buggeschütze einzusetzen vermochte. Die US-Schnellboote waren dabei weit nach Süden vorgestaffelt, die Zerstörer standen hinter den Schlachtschiffen auf und ab.

Ganze 14 Minuten lang fiel Oldendorfs Granatenhagel auf die Japaner herab. Das Schlacht-(und Flagg-)Schiff „Yamashiro“ sank mit Admiral Nishimura und der gesamten Besatzung noch vor der Morgendämmerung. Die brennende „Mogami“ und der Zerstörer „Shigure“ drehten mit 30 Knoten Fahrt ab.

In dieses Trümmerfeld seines Klassenkameraden fuhr Shima voll hinein. Durch eine Havarie behindert, hatte er obendrein seine Position verraten, weil er irrtümlich einige Torpedos gegen zwei Felseninseln abfeuern ließ. Nun wußte er nicht, was inzwischen passiert war. Und es wurde hell.

Shimas einziger Leichter Kreuzer „Abukuma“ erhielt plötzlich von einem PT-Boot einen Torpedotreffer, noch ehe er in die Straße einlief. Nun tauchte auch überraschend „Shigure“ auf, der letzte „Überlebende“ von Nishimuras Flotte. Der Zerstörerkommandant aber berichtete nichts über das Debakel, sondern signalisierte nur: „Ich bin die ‚Shigure‘. Habe Ruderschwierigkeiten.“

Shima stieß nun tiefer in die Enge vor, schoß Torpedos ab. Plötzlich kollidierte sein Flaggschiff „Nachi“ mit der brennenden „Mogami“. Der Admiral verzichtete auf Rettungsversuche, und wegen der großen Fliegergefahr lief er wieder in die Mindanao-See zurück.

Die Schlacht in der Surigao-Straße endete noch am Morgen mit einem Desaster für die Japaner, wogegen die Amerikaner nur ein PT-Boot verloren und ein Zerstörer beschädigt wurde. Die japanische Südklammer gegen den Leyte-Golf war zerbrochen.

Bei Samar herrschte in der Frühe des 25. Oktober wechselhaftes Wetter: ruhige See, mäßiger Wind, bedeckter Himmel, Sonne, Regenschauer.

An Bord der 16 Geleitträger und Zerstörer der 7. US-Flotte wurden die ersten Aufgaben übernommen: Trägermaschinen versorgten in Leyte die Bodentruppen, Luftpatrouillen starteten, U-Boot-Jäger fuhren Sicherung. Auf der Brücke des Trägers „Fanshaw Bay" trank Konteradmiral C.A.F. Sprague seine zweite Tasse Kaffee.

Die Geleitträger standen vor der Ostküste der Philippinen von Mindanao bis Samar auf und ab, wobei die Nordgruppe (sechs Träger, drei Zerstörer, vier Begleitzerstörer) mit 14 Knoten 50 Meilen von Samar entfernt fuhr. Die Geleitträger, als „CVE" („combustible, vulnerable, expendable") im Marineverzeichnis aufgeführt, waren umgebaute Handelsschiffe und Tanker und trugen 18 bis 36 Flugzeuge. Sie waren schwach armiert, dünnwandig, langsam (maximal 18 Knoten) und deshalb für Überwassergefechte untauglich; sie sollten nur zu Versorgungs- und Abwehraufgaben herangezogen werden. Aber an diesem Morgen mußten sie kämpfen: Zwerge gegen Riesen!

06.10 Uhr. Ein Aufklärungspilot meldete die anmarschierende Feindflotte in 20 Meilen Entfernung: Es war Kuritas Verband.

„Meldung nachprüfen!" befahl Sprague im Glauben, der Beobachter hätte Halseys Schiffe für feindliche gehalten.

Der Fliegerleutnant Morrison antwortete ärgerlich und kurz: „Überprüft. Schiffe haben ‚Pagoden'-Masten!"

Gleichzeitig hörten andere US-Funker japanische Worte auf den Frequenzen und entdeckten Flak-Wolken. Auf den Radarschirmen erschienen viele Punkte.

06.50 Uhr. Ein Ausguck meldete ebenfalls Pagoden-Masten, obwohl Kinkaid die japanischen Zentrumskräfte noch westlich der Philippinen vermutete. Dann gab es überall Alarm: Kurita war da! Und zwischen ihm, den Transportern, Versorgungsschiffen und Landungsbooten im Leyte-Golf sowie dem Armeehauptquartier am Inselufer standen nur die CVEs und ihre Zerstörer.

Keine Zeit zum Überlegen. Innerhalb von fünf Minuten feuerten die schweren Geschütze der „Yamato", dem Schwesterschiff der gesunkenen „Musashi". Sprague gab seine Befehle, drehte die CVEs nach Osten in den Wind, ließ AK (Äußerste Kraft voraus) fahren und die Flugzeuge bemannen.

07.05 Uhr. Der Geleitträger „White Plains" startete seine Flugzeuge – und erhielt einen Treffer im Steuerbordmaschinenraum. Die Japaner beschossen auch den Träger „Saint Lô", der die Opfer der „White Plains" übernahm und zur Deckung schwarz qualmte; seine Flugzeuge waren draußen.

07.12 Uhr. Admiral Jizaburo Ozawas Trägerverband – von Nachtaufklärern der „Independence" gesichtet – stand um diese Zeit 50 Meilen östlich von Kap Engano. Am Vortag hatten 80 Trägerma-

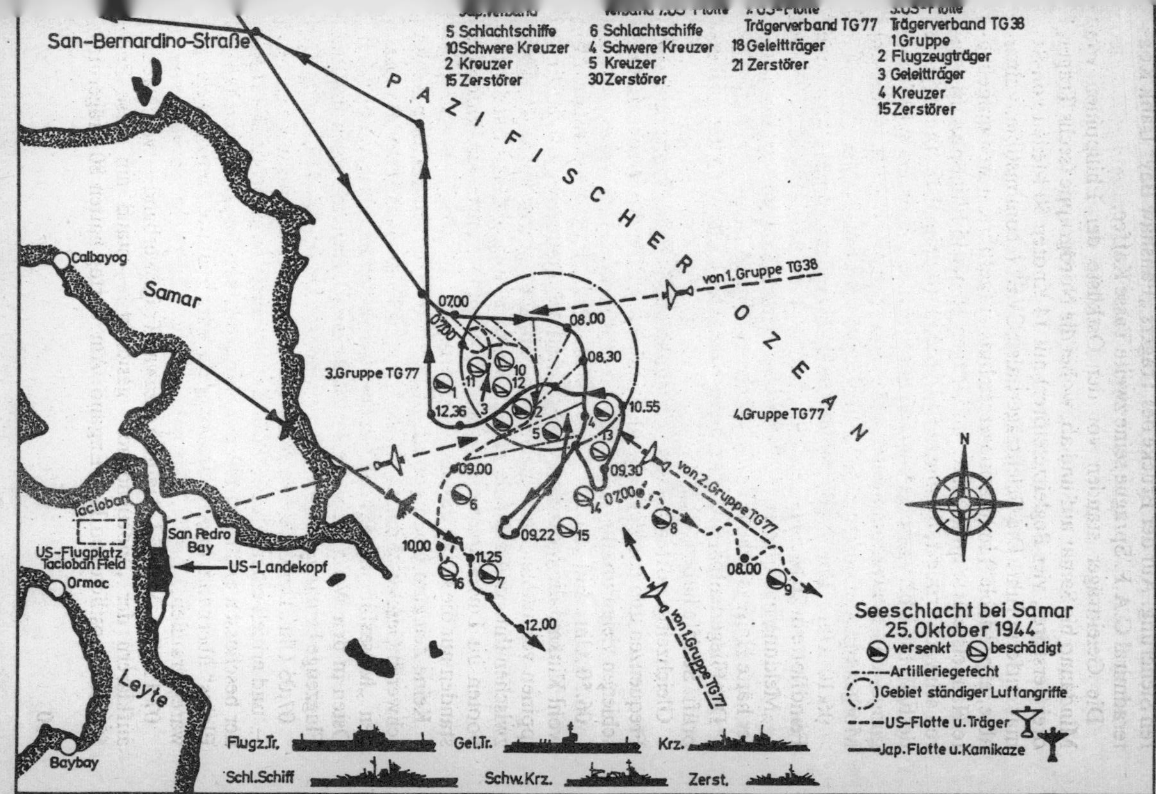
San-Bernardino-Straße
5 Schlachtschiffe
10 Schwere Kreuzer
2 Kreuzer
15 Zerstörer
6 Schlachtschiffe
4 Schwere Kreuzer
5 Kreuzer
30 Zerstörer
Trägerverband TG 77
18 Geleitträger
21 Zerstörer
Trägerverband TG 38
1 Gruppe
2 Flugzeugträger
3 Geleitträger
4 Kreuzer
15 Zerstörer
PAZIFISCHER OZEAN
Calbayog
Samar
von 1. Gruppe TG 38
3. Gruppe TG 77
4. Gruppe TG 77
von 2. Gruppe TG 77
von 1. Gruppe TG 77
07.00
08.00
08.30
10.55
12.36
09.00
09.30
09.22
10.00
11.25
12.00
Tacloban
San Pedro Bay
US-Flugplatz Tacloban Field
US-Landekopf
Ormoc
Leyte
Baybay
N
Seeschlacht bei Samar
25. Oktober 1944
versenkt
beschädigt
Artilleriegefecht
Gebiet ständiger Luftangriffe
US-Flotte u. Träger
Jap. Flotte u. Kamikaze
Flugz.Tr.
Gel.Tr.
Krz.
Schl.Schiff
Schw.Krz.
Zerst.

schinen, unterstützt von Landflugzeugen, Halseys Nordgruppe attakkiert und kehrten nicht zurück. Viele waren verlorengegangen, andere auf Philippinenplätzen gelandet. Nun verfügte Ozawa nur noch über 20 Maschinen. Sie befanden sich gerade in der Luft, als die „Helldivers“ der „Lexington“ einfielen.

Kapitänleutnant David McCampbell koordinierte dann die schweren Angriffe. Sie dauerten zehn Stunden. Immer wieder stürzten sich die Flugzeuge der Träger „Essex“, „Enterprise“, „Franklin“ und „Langley II“ auf den Gegner. Im Himmel wimmelte es von US-Maschinen. Japanische Flak feuerte, die Schiffe manövrierten, um Bomben und Granaten auszuweichen – vergeblich.

07.24 Uhr. Fliegeralarm! Kinkaid auf dem Flaggschiff „Wasatch“ im Leyte-Golf hörte, daß die japanischen Trägermaschinen den Brükkenkopf anflogen. Halseys Flak-starke T.F. 34 (schnelle Schlachtschiffe) jedoch standen sehr weit weg. Kinkaid alarmierte kurzerhand Nimitz im fernen Hawaii, der wiederum den eigensinnigen „Bull“ Halsey mit der lapidaren Feststellung bedachte: „Alle Welt möchte wissen, wo TF 34 ist.“

Inzwischen griff im Leyte-Golf und in der Surigao-Straße die 7. US-Flotte zur Selbsthilfe: Einige alte Schlachtschiffe und Kreuzer wurden von der Enge zurückgerufen, in Kampfgruppen zusammengefaßt, aufmunitioniert und betankt. Doch die schweren Schiffe waren kaum für Artilleriegefechte geeignet: wenig Munition, Treibstoff, Torpedos.

In der anstehenden Schlacht von Samar kämpften Spragues Kräfte ums Überleben. Innerhalb von 20 Minuten, als die CVEs nach Osten fuhren und ihre Flugzeuge gegen den Wind starteten, war die Entfernung zum Feind auf 22000 Meter gesunken: günstigste Weite für die japanischen Geschütze – doch zu weit für die der Amerikaner.

Der Zerstörer „Johnston“ (Evans) schoß ohne Befehl bei 30 Knoten Fahrt einen Zehner-Torpedofächer gegen einen Feindkreuzer ab: Treffer. Sofort erwiderte der Japaner das Feuer, verwundete den Kapitän, beschädigte die Steuermaschine und tötete etliche Matrosen. Die Geschwindigkeit des Zerstörers fiel rapide auf 16 Knoten ab.

Spragues Träger, eingehüllt in Rauch, verschwanden in einer Regenwand, und ein Qualmvorhang verbarg vorübergehend die „Johnston“.

08.05 Uhr. Kurita schickte schnelle Schiffe in die Flanke, als Sprague südwärts dampfte. Der aber befahl: „Zerstörer Torpedoangriff fahren!“

Die Zerstörer „Heermann“, „Hoel“ und auch die beschädigte „Johnston“ unternahmen nun einen verwegenen, selbstmörderischen

Raid gegen die schweren Einheiten der japanischen Flotte: vier Schlachtschiffe, acht Kreuzer, elf Zerstörer.

In und außerhalb der Regenmauer, umwölkt von schwarzen und weißen künstlichen Rauchschwaden, pflügten die drei US-Zerstörer los. Die Besatzungen hörten die japanischen Kanonen brüllen, feuerten mit ihren Geschützen auf Kreuzer und Schlachtschiffe und setzten bei knapp 4 000 Meter ihre letzten Torpedos ab. Dann meldete Amos T. Hathaway, Kommandant der „Heermann", lakonisch an Sprague: „Aufgabe erledigt!" Aber der Zerstörer „Hoel" war es auch; sein Deck sah furchtbar aus.

08.30 Uhr. Oben beim Kap Engano schlugen 150 US-Maschinen zu. Die Träger „Chiyoda", „Chitose" und „Zuiho" sowie der Leichte Kreuzer „Tama" wurden dabei schwer beschädigt, der Zerstörer „Akitsuki" vernichtet. Ozawas Flaggschiff „Zuikaku" (letzter Trägerveteran vom Angriff auf Pearl Harbor) erhielt einen Torpedoeinschlag: Rudermaschinendefekt. Der Admiral stieg auf den Kreuzer „Oyoda" um.

08.40 Uhr. Die Crew verließ die „Hoel"; 15 Minuten danach versank sie unter neuen Treffern. Die „Johnston" schoß bis zuletzt, umgeben von der japanischen Flotte, und ging gegen zehn Uhr auf Grund. Die inzwischen hinzugekommenen kleineren und langsameren Begleitzerstörer „Raymond", „John C. Butler", „Dennis" und „Samuel B. Roberts" unternahmen ihren zweiten Torpedoangriff.

Die „Roberts" wurde mehrfach tief getroffen und trieb bewegungslos im Wasser, und um neun Uhr riß eine Granate ihre Steuerbordseite auf, doch das zweite Geschütz feuerte weiter. Überall Tote, Trümmer.

Aber auch Rauchschirm, Regenwand und Torpedo-Raid konnten die hoffnungslos unterlegenen CVEs nicht retten. Denn Kurita schickte jetzt seine Kreuzer. Trotzdem: Furchtlos fuhren die CVE-Kommandanten mit ihren gebrechlichen Fahrzeugen zum Leyte-Golf: vorn nun die feindlichen Kreuzer, an den Flanken die gegnerischen Zerstörer und achtern die Schlachtschiffe der Kaiserlichen Marine. Die CVEs verschwanden plötzlich in den Einschlags- und Wassersäulen, denn auch die total ungeeigneten Geleitträger, verletzlich und schwach, gerieten nun voll ins Gefecht: „Fanshaw Bay" erhielt sechs Treffer und brannte; „Kalinin Bay" wurde 15mal getroffen; „White Plains" explodierte nach mehreren Einschlägen; „Gambier Bay" sank nach Granattreffern.

Immerhin gelang es den Amerikanern, sich der völligen Vernichtung durch geschickte Manöver, Nebeln, Fliegereinsatz und Zerstörerattakken zu entziehen.

09.25 Uhr. Den sicheren Sieg in der Hand, brach Kurita plötzlich und unerwartet seine Aktionen ab. Aber dafür gab es mehrere Gründe. Zunächst einmal hatte er die Übersicht und taktische Kontrolle über seine Verbände verloren, und ein abgefangener Funkspruch Kinkaids an Halsey signalisierte neue Gefahren.

Der verwegene Einsatz der US-Zerstörer und Trägermaschinen zeigte erste Wirkung: Sie schossen über 100 japanische Flugzeuge ab und warfen 191 Tonnen Bomben und 83 Torpedos. Die Feindschiffe manövrierten verzweifelt und wurden dabei weit über den Ozean verstreut. Die Kreuzer „Kumano", „Chikuma", „Chokai" und „Suzuya" wurden beschädigt. Die Japaner waren trotz ihrer Überlegenheit angeschlagen. Kurita hatte geglaubt, statt der kampfuntauglichen Geleitträger der 7. US-Flotte Halseys schnelle Träger vor sich zu haben. Aber inzwischen wußte er auch von Nishimuras Niederlage in der Surigao-Straße und erhielt von Ozawa – keine Nachricht. Ein ganzes Bündel von Ursachen bewog daher Kurita, seine aufgesplitterten Einheiten wieder zu sammeln und abzudampfen. Seine Chance war endgültig vertan.

Admiral Sprague war sehr dankbar für diese unerwartete Wendung. Verständlich. Sein Kommentar dazu: „... Fehler des Feindes ... Niederlage der japanischen Verbände ist durch unsere Rauchschirme und die Torpedoangriffe erreicht worden – und die letzte Anteilnahme des Allmächtigen Gottes."

10.00 Uhr. Admiral McCains Task Group 38.1, die nach Ulithi geschickt und wieder zurückgerufen worden war, lief ihren ersten Angriff. Aber: Für Kurita hatte die Glocke geschlagen. Japans „Aufgehende Sonne" passierte eben ihren Zenit. Oben im Norden schlug nun Halsey auf Ozawa ein und schickte schnelle, neue Schlachtschiffe Kinkaid zu Hilfe. Doch der japanische „Bushido"-Geist lebte noch einmal auf.

10.15 Uhr. Zweiter Angriff der Amerikaner. „Chiyoda" erhielt abermals Treffer und sank.

10.45 Uhr. Kamikazes beschädigten die Geleitträger „Santee", „Suwanee", „Sangamon", „Kitkum Bay", „White Plains", „Kalinin Bay", deren Mannschaften schon durch den Artilleriebeschuß Verluste erlitten hatten, und versenkten die „Saint Lô". Die „Santee" wurde obendrein durch einen Torpedo des japanischen U-Bootes I 362 lahmgeschlagen.

14.10 Uhr. Dritter Angriff der Amerikaner: Träger „Zuikaku" ging unter.

15.27 Uhr. Träger „Zuiho“ sank. Die „Hermaphroditen“ „Hyuga“ und „Ise“ wurden wiederholt gebombt.

Bis zum Abend des 25. Oktober suchten und hetzten die Amerikaner versprengte japanische Schiffe. Landgestützte Feindflugzeuge flogen Angriffe.

Ozawa hatte seine Flagge auf dem Kreuzer „Oyoda“ gehißt und fuhr mit den Resten seines Verbandes nordwärts. Alle vier Träger, ein Kreuzer und zwei Zerstörer waren vernichtet worden. „Tone“, einer seiner restlichen Schweren Kreuzer, wurde ebenfalls getroffen.

In der Nacht, als Kurita die San Bernardino-Straße passierte, versenkten US-Schiffe den Zerstörer „Nowake“. Um Mitternacht war nur noch eines von Kuritas Fahrzeugen, ein Zerstörer, unbeschädigt. Auch das größte Schlachtschiff der Welt, die „Yamato“, hatte zwei Treffer abbekommen; der Zerstörer „Noshiro“ ging unter. Aber Kurita hatte seine Mission voll erfüllt und Halsey „beschäftigt“. Doch um welchen Preis!

Die beschädigten Schiffe aus der Samar- und Surigao-Schlacht, darunter der Kreuzer „Abukuma“ und der Zerstörer „Hayashimo“, gingen ebenfalls unter. Den angeschlagenen Kreuzer „Tama“ vernichtete das US-U-Boot „Jallao“.

26. Oktober. Die Verfolgung der abziehenden japanischen Flottenreste dauerte an. Einzelne „Kamikaze“-Attacken konnten rechtzeitig abgewiesen werden. Sie blieben weit hinter den Erwartungen zurück.

Die bisher größte Seeschlacht der Weltgeschichte war beendet. Auf alliierter Seite hatten 216 amerikanische und vier australische Schiffe daran teilgenommen (ohne Minenleger und Landungsfahrzeuge). Die Japaner fuhren mit 64 Einheiten ins Gefecht.

Dennoch blieb der strategische Wert dieser Begegnung hinter dem der Midway-Schlacht zurück, die eine kriegsentscheidende Wende eingeleitet hatte. Das Leyte-Treffen dagegen zeigte den Niedergang der japanischen See-Landmacht auf. Die Flotten-Überreste der Kaiserlichen Marine spielten fortan keine bedeutsame Rolle mehr. Admiral Mitsumasa Yomai, Marineminister, sagte später dazu: „Die Philippinen lagen nun dem Zugriff MacArthurs offen. Der General konnte jeden beliebigen Küstenstreifen des Inselgebietes für seine Landungen aussuchen ...“

Der Supreme Commander hatte die Seeschlacht im Leyte-Golf von Bord des Kreuzers „Nashville“ aus verfolgt, ohne in die Befehlsgebung auf See einzugreifen. Aber nach dem 26. Oktober trat er wieder als Oberstkommandierender hervor.

Der Sho-Plan, weitgehend von guter Zusammenarbeit der einzelnen Verbände abhängig, endete mit einem Fiasko. Die japanische Marine büßte ein: einen großen, drei leichte Flugzeugträger, drei Schlachtschiffe, sechs Schwere und vier Leichte Kreuzer, elf Zerstörer, vier U-Boote. Die meisten anderen beteiligten Schiffe wurden beschädigt. Heeres- und Marineluftwaffe verloren 540 Maschinen. Zwischen 7 400 und 10 000 Seeleute und Marineflieger kamen um oder wurden vermißt. Am 28. Oktober, um 21.30 Uhr, trafen die übriggebliebenen japanischen Schiffe wieder in Brunei Bay (Borneo) ein.

Die Verluste der Amerikaner betrugen: ein Leichter Träger, zwei Geleitträger, drei Zerstörer, 189 Flugzeuge – und 2 803 Tote.

Aber für die Amerikaner brachte die Seeschlacht im Leyte-Golf nur einen unvollkommenen Sieg. Schuld daran waren die geteilten Kommandos und der Fehler, „keine Verantwortung für ein bestimmtes Areal" festzulegen. Halsey fuhr unbekümmert nach Norden und überließ die 7. Flotte ihrem Schicksal. Und gerade als er dabei war, Ozawas ganzen Verband zu zerstören, drehte er unerwartet nach Süden ab, um Kinkaid doch noch zu helfen. Dadurch wiederum konnte Kurita gegen die US-Geleitträger losschlagen und dann mit den Verbandsresten (darunter vier Schlachtschiffe) flüchten. So brachte Ozawa zehn seiner Schiffe in Sicherheit.

Die Schlacht im Leyte-Golf bleibt also eine Quelle künftiger Kontroversen, denn Halsey und Kinkaid bestehen hartnäckig darauf, daß jeweils der andere die San Bernardino-Straße hätte beschützen müssen.

Doch nach dem Ende der Seeschlacht war das Ringen um Leyte noch keineswegs entschieden, denn auf der Insel nahmen die Kämpfe an Härte zu.

Ende Oktober waren die Japaner aus dem südlichen und nordöstlichen Teil von Leyte vertrieben. Aber sie erhielten schon während der Seeschlacht über den Hafen von Ormoc (Westküste) Verstärkungen (40 000 Mann). An Nachschub jedoch nur 10 000 Tonnen, zu wenig für fünf schwerringende Divisionen. Die neu herangeführte 1. Infanteriedivision (Tomojuki Yamashita) grub sich im Gebirge ein und focht hart um jeden Zoll Boden. Die Amerikaner und Filipinos rückten mit Panzern, Artillerie, Flammenwerfern, Bazookas und Ladungen dem Gegner auf den Leib. Nahkämpfe.

Im Oktober und November 1944 konnte die 6. Armee (Krueger) nur wenig Gelände gewinnen: X. Korps (Sibert) wollte durch Vorstöße über Land und amphibische Operationen nördlich des vereinigten Brückenkopfes Suzukis 35. Armee umgehen, während Korpsteile zwischenzeitlich auch auf der Insel Samar gelandet waren. Das XXIV. Korps (Hodge) griff, nachdem es einen Haken nach Süden geschlagen hatte, den Schlüsselpunkt Ormoc an. Aber davor lag das Gebirge. Dicht bewaldete Höhenzüge im Zentrum der Insel konnten frontal nicht genommen werden. Kamikaze-Angriffe, Partisanen-Aktionen, sogar Fallschirmjäger-Unternehmen gegen den einzigen US-Flugplatz bei Tacloban (wegen Regens verschlammt), hemmten das Vorgehen.

Die Japaner (noch keineswegs geschlagen) verstärkten die Luftstreitkräfte besonders auf Luzon, der Hauptinsel im Philippinen-Archipel, und setzten die Kamikaze-Attacken fort. Anfang November wurden drei US-Zerstörer beschädigt, einer versenkt, auf dem Flugplatz in Tacloban Maschinen vernichtet. Um der Kamikaze-Gefahr zu begegnen, wurden die großen US-Träger aus Ulithi zurückgerufen. Am 5. November begannen die Geschwader mit ihren Angriffen auf Plätze in Luzon und vernichteten bis Monatsende 700 japanische Flugzeuge und 134 000 Bruttoregistertonnen Schiffsraum. Trotzdem trafen Kamikaze-Piloten 20 US-Transporter, einige Landungsfahrzeuge, zwei Zerstörer und beschädigten das US-Schlachtschiff „Maryland". Der Flak-Kreuzer „Reno" wurde von einem Torpedo getroffen.

Am 7. Dezember schossen US-Kriegsschiffe acht Zerstörer, 17 Transporter und sechs Sicherungsfahrzeuge zusammen, eine Woche später nochmals drei Zerstörer.

Die 7. US-Flotte transportierte die 77. Infanteriedivision durch die Surigao-Straße und ließ sie bei Ormoc mit Zerstörerunterstützung an Land gehen. Gleichzeitig ließ nun MacArthur nach Umgehung der Inseln Mindanao, Negros und Panay die 11. Luftlandedivision dorthin detachieren. General Krueger führte selbst auf der Insel. Sein Gegenspieler Suzuki saß im Abwehrzentrum Ormoc und wartete auf die zugesagte Verstärkung, eine Division unter General Kamashira. Doch das war schwierig, denn meist konnte nur nachts mit „Daihatsus" (Motorprahmen) gefahren werden. Der Nachschub wurde knapp. Davon zeugt dieser Brief, datiert vom 21. Dezember: „... bin ich erschöpft. Wir haben kein Essen. Die Feinde sind nur 500 Meter vor uns ... Mutter, meine teure Frau und Sohn! Ich schreibe diesen Brief an Euch bei Kerzenlicht. Unser Ende ist nahe ..."

An Weihnachten zerbrach der Widerstand. Die Japaner verloren auf Leyte: 16 784 Tote, 39 479 Verwundete, 389 Gefangene; die Amerikaner 2 888 Tote, 8 422 Verwundete, 161 Vermißte.

Mindoro, Luzon

Nach Guerilla-Meldungen gab es auf Mindoro nur eine schwache japanische Besatzung. Sie wurde durch entsprechende Manöver getäuscht. Diesmal führte, wie schon bei Ormoc (Westküste von Leyte) Vizeadmiral Arthur D. Struble vom Kreuzer (Flaggschiff) „Nashville" aus. Der Supreme Commander (MacArthur) verfolgte die Operation von Leyte aus, wo sich die 8. Armee (General Robert L. Eichelberger) bereitstellte. Das Transportgeleit wurde von drei alten Schlachtschiffen und sechs Geleitträgern gesichert. Die schnellen Träger, diesmal unter McClain (er hatte Mitscher abgelöst), ließen ihre Maschinen gegen Luzon fliegen. Falsche Funkmeldungen sollten die Japaner irritieren. Auf Luzon aber gab es etwa 100 Flugplätze, die nicht alle gebombt werden konnten.

Am 12. Dezember gingen die Landungskräfte auf den 480 Seemeilen langen Marsch von Leyte nach Mindoro und passierten bei Nacht die Surigao-Straße. Aber nachmittags raste plötzlich eine Feindmaschine im Tiefflug heran und bohrte sich in die „Nashville". Die Wirkung war verheerend. In einer gewaltigen Explosion starben 135 Matrosen, 200 wurden verletzt (darunter Männer vom Marine- und Heeresstab), alle Funk- und Radareinrichtungen waren hin. Weitere Kamikazes warfen sich vom Himmel, konnten aber nur noch einen Zerstörer beschädigen.

Die Landungsflotte lief nun auf Täuschungskurs in Richtung Palawan. Das hatte schreckliche Folgen, denn die dortige Flugplatzbesatzung trieb sofort 150 amerikanische Kriegsgefangene in zwei Luftschutztunnels, übergoß sie mit Benzin und legte Feuer. Nur drei Männer entkamen durch eine Erdspalte.

Wieder griffen Kamikazes die marschierende Flotte an, doch sie starben im Flak-Riegel. Erst in der Landungsphase glückte es Opferfliegern, zwei LST in den Grund zu rammen. Alle übrigen Attacken konnten zwar rechtzeitig abgewehrt werden, doch die Schlachtschiffe und Geleitträger zogen sich vorsorglich zurück.

Die Heeresverbände bildeten auf Mindoro gegen nur schwachen Widerstand schnell einen großen Landekopf und bauten ein Rollfeld. Halsey nahm seine Flotte auf die Liegeplätze der 24 Tanker zurück und wollte auch gleich von den Geleitträgern Reserveflugzeuge an Bord nehmen. Plötzlich kam Unwetter auf, wuchs sich flott zu einem

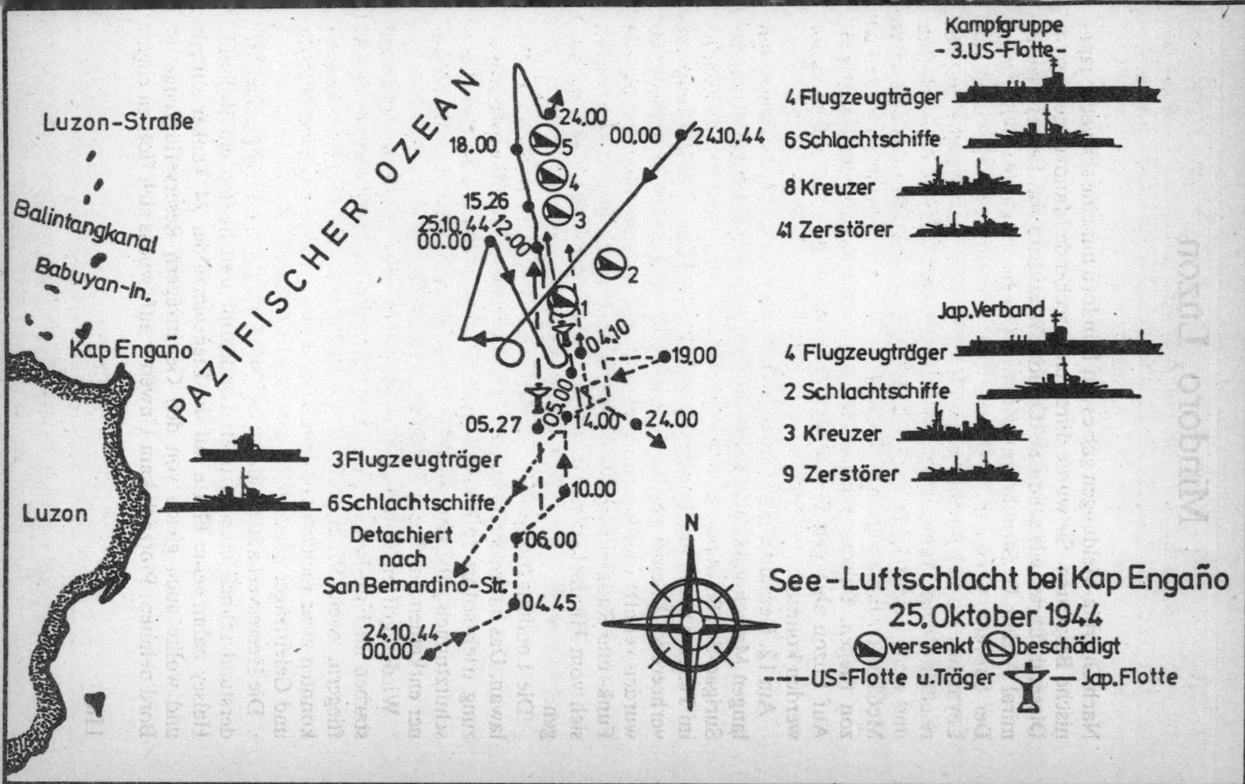

Nr. 1180 g Hugo Hamann, Kiel 80/85

Taifun aus, der die Ölübernahme unterband. Die Schiffe versuchten, aus der Richtung des mit meterhohen Wogen und bis zu 55 Meter/Sekunde (über Windstärke 12) anrennenden Wirbelsturmes auszuscheren; das Barometer fiel tiefer als die unterste Markierung (700 Millimeter = 933 Millibar). Einige Zerstörer krängten bis zu 70 Grad. Man wollte die „Pötte" gegen den Sturm legen, doch weder Ruder noch Schrauben reagierten, so daß die Schiffe quer zur See flach herabgedrückt dahindrifteten. Drei nahmen durch Schornsteine und Niedergänge Wasser über und sanken. Viele Matrosen retteten sich mit Schwimmwesten und Flößen, und noch drei Tage danach wurden 92 Seeleute geborgen. Fazit: 790 Mann verloren, 146 Flugzeuge vernichtet; vier leichte Träger, drei Geleitträger, ein Leichter Kreuzer, sieben Zerstörer, ein Tanker beschädigt.

Am 26. Dezember nachmittags wurde ein japanischer Kampfverband (ein Schlachtschiff, ein Kreuzer, sechs Zerstörer) gesichtet. Auch aus Manila kam ein Feind-Konvoi herüber. Das alles sah nach einer Landung auf Mindoro aus. Man konnte aber nur elf Schnellboote und ein paar Heeresflugzeuge dagegensetzen. Ein Nachtangriff der Army Air Force erbrachte nichts; der Gegner fuhr weiter. Eine Schnellboot-Attacke wurde von (vermutlich eigenen) Fliegern gebremst.

Admiral Shima feuerte mit dem Schlachtschiff „Nagato" in den Brükkenkopf auf Mindoro und versenkte einen Transporter. Doch als ein Zerstörer durch Torpedotreffer hochging, drehte Shima ab. Es war die letzte japanische Flotten-Aktion im Philippinen-Raum. Der zum Verband gehörende neue Träger „Unryu" (20000 Tonnen) wurde am 19. Dezember bei Formosa vom US-U-Boot „Redfish" versenkt; das Boot „Archerfish" schickte den neuen Träger „Shinano" (59000 Tonnen) mit sechs Torpedos ebenfalls in „Johns Großen Keller"; Träger „Yunyo" wurde lahmgeschossen und dem Kreuzer „Myoko" das Heck amputiert.

Der Flugplatzbau auf Mindoro verzögerte die Invasion gegen Luzon. Deshalb wurde sie auf den 9. Januar 1945 verschoben. Den besten Landeplatz bildete der Lingayen-Golf im Nordwesten. Hier waren auch die Japaner 1941 ans Ufer gekommen und erwarteten jetzt die Amerikaner. Also mußte mit hohen Verlusten gerechnet werden. Trotzdem wollte MacArthur an dieser Stelle zupacken. Man täuschte deshalb nun eine Landung in Südluzon vor.

Die Landungsoperation wurde nach dem Muster von Leyte geplant. Die 3. Flotte stand östlich von Luzon und bombte auf der Insel und in Formosa Plätze, um Verstärkungen fernzuhalten. Alte Schlachtschiffe und Geleitträger sollten die Landungsverbände schützen.

Die Landungsphase sah vor: Angriff von zwei Korps: X. (Sibert) und XI. (Hall) von der 6. Armee (Krueger), zusammen vier Divisionen, zwei in Reserve. Landestelle: Lingayen-Golf, obwohl Feldmarschall Terauchi und General Hobun Yamashita den Angriff dort erwarteten. Das eine Korps wurde in Hollandia, Aitape und Manus, das andere in Bougainville und Kap Gloucester zusammengestellt, im Schnitt 2000 Seemeilen entfernt, so daß etwa 13 Marschtage nötig wurden: 685 Schiffe (sechs Schlachtschiffe, 18 Geleitträger, elf Kreuzer, 165 Zerstörer und Geleitzerstörer, 65 Minensucher; dazu Halseys Flotte mit 100 Fahrzeugen aus Ulithi) brachen Anfang Januar 1945 auf. Luftunterstützung gewährte die 5. Air Force (Kenney).

Die Kamikazes warteten schon. Am 3. Januar warfen sie sich zweimal in eine Minensuch-Gruppe, der Schaden war unerheblich. Tags darauf schmetterte eine Zero in einen Munitionsfrachter: 93 Tote. Dann wurden die Kreuzer „Louisville" und „Australia" lädiert, später zwei Geleitträger.

Am 6. Januar hämmerten Halseys Trägermaschinen gegen die Luzon-Plätze, indes Oldendorfs Schlachtschiff-Veteranen den Landeabschnitt in der Lingayen-Bay weichtrommelten. Seltsam, daß der UDT im Landesektor keine Minen fand. Die Erklärung: Guerillas hatten 350 Ankertauminen gekappt, mit Booten an Land geschleppt, entschärft und den Sprengstoff für Sabotage-Akte verwendet.

Die Kamikazes fielen wie Mücken über die US-Flotte her und erzielten in 25 Stunden 21 Treffer ohne großen Schaden.

Die Landung auf Luzon war Routine. Erst am Nachmittag setzte Abwehrfeuer ein. Am Abend standen 68000 GIs auf der Insel und hielten einen 25 mal 5 Kilometer großen Brückenkopf. Die Flotte deckte plötzlicher Nebelaufzug. Das nutzte nichts, denn jetzt traten Kampfschwimmer und Sprengboote in Aktion; sie versenkten Landungsboote, beschädigten einen Transporter und zwei Zerstörer.

An Land schob die japanische Führung an die 100000 Soldaten hin und her. Denn während Kruegers Infanterie von Norden her auf die Hauptstadt Manila vorrückte, ging die 11. Luftlandedivision (Swing) im Süden nieder. Yamashita machte jedes Haus zur Festung. Es gab harte Straßenkämpfe. Dennoch fiel Manila am 23. Februar 1945.

Besonders zähe Gefechte tobten um die Felseninsel Corregidor in der Manila-Bucht. Seinerzeit hatten dort die Amerikaner den letzten Widerstand geleistet; jetzt krallten sich rund 6000 Japaner ins Gestein und wichen keinen Zoll. Spragues Trägerstaffeln wuchteten 3128 Tonnen Bomben hinein, und Oldendorfs Schlachtschiffe und Kreuzer keilten tagelang hinüber. Es kostete die Angreifer viel Blut, die mit Minen, Sprengbooten und Kampfschwimmern geschützten Zufahrten durch die Minensucher freizupflügen, die an die 450 Minen kappten. Jetzt war die Air Force dran, unternahm Flächenbombardements. Dann schoß die Artillerie. Schließlich sprangen 2000 Fallschirmjäger vom 503. Regiment (Finn): 14 Tage Nahkampf! Das Areal war nur 270 mal 135 Meter groß. Nun stieg Infanterie ans Felsenufer, erlitt durch Minen Ausfälle. Dennoch wurden die Feindstellungen systematisch ausgehoben, bis sich der Besatzerrest (an die 5 000) in zwei Stollenanlagen selbst in die Luft jagte. Zwei uneinnehmbare Nachbarinseln wurden ausgeschaltet, indem 15 000 Liter Dieselöl und Benzin mit Landungsbooten an die Kampfstände herangefahren und dann mit Phosphorgranaten gezündet wurden. Die Wirkung war schrecklich: Ein Turm flog hundert Meter in die Luft, Brände schwelten zwei Wochen lang. Trotzdem hielten sich auf Corregidor 20 Japaner bis 1946! Auf Luzon dauerten die Kämpfe mit Versprengten bis Juli 1945 an.

Die Gesamtverluste in der Philippinen-Schlacht beliefen sich bei den Japanern auf rund 300 000 an Toten und Verwundeten, bei den Amerikanern auf 60 000. Der Verlust von Luzon zerschnitt Japans Lebensnerv, denn nun stieß Halsey weit ins Südchinesische Meer vor. Er suchte die japanischen Flottenreste, fand sie aber nicht (sie lagen in der Inlandsee). So ließ er Formosa und Okinawa bomben und zerstörte über hundert Feindflugzeuge. Auch die Küsten und Häfen Chinas und Indochinas wurden angegriffen. Die Japaner revanchierten sich. Ein Kamikaze durchlöcherte mit seiner Bombe den Träger „Langley", andere den Träger „Ticonderoga"; die „Hancock" erlitt ebenfalls Schaden. Dafür zerschlugen Halseys Flieger wieder einige Geleitzüge, die Kreuzer „Kashii" und „Lamotte-Piquet" (früher französisch), zusammen 234 000 Bruttoregistertonnen, während das US-U-Boot „Sealion" in der Formosa-Straße den Schlachtkreuzer „Kongo" versenkte.

Kein Zweifel: Das Kaiserreich lag im Sterben. Nach dem Verlust der Gilbert-, Marshall-, Marianen-Inseln, von Neuguinea, Biak, Palau und Morotai, wog die Niederlage auf den Philippinen weit schwerer.

Die Amerikaner aber hatten neue Basen für weitere Operationen hinzugewonnen.

Iwo Jima

Bomber der Armeeluftwaffe flogen seit November 1944 von den Marianen und China aus nach Japan. Die Strecke von 2400 Seemeilen Hin- und Rückflug (Marianen-Japan) überforderte die Besatzungen; zudem wurden beschädigte oder einzelnfliegende Maschinen von Feindjägern abgeschossen. Sie starteten von zwei Plätzen (der dritte wurde gebaut) auf der Insel Iwo Jima in der Bonin-Gruppe, 700 Seemeilen südlich Tokio. Es gab mehrere Gründe, diesen Archipel zu nehmen: Ausschaltung der Feindbasis; Errichtung eines eigenen Stützpunktes für weitere Operationen; Gewinnung einer strategischen Position. Iwo Jima war das „Sehende Auge“ Japans. Hier wurden die US-Bomber geortet und das Mutterland alarmiert. Eine B-17 brauchte zirka 16 Stunden von Saipan bis Tokio und zurück, Zeit genug, die Flak und Abfangjäger bereitzustellen.

Die Bonin-Inseln lagen in Nimitz' Kommandobereich, so daß die Invasion als Marine-Unternehmen geplant wurde. Die Joint Chiefs of Staff legten als D-Tag den 19. Februar 1945 fest.

Schon am 15. und 16. Juni 1944 (Schlacht um die Marianen) bombten die Flugzeuge zweier Trägergruppen die Inseln Iwo Jima und Chichi Jima, zerstörten einhundert Feindmaschinen und schossen (elf Eigenverluste) dreißig andere ab. Die Bombardierungen wurden im Dezember verstärkt fortgesetzt. Ab 1. Februar sollten die meisten im Pazifik verfügbaren Flugzeuge für die Bonin-Invasion klargestellt werden. Vom 15. Februar an sollte eine Kampfgruppe (sechs Schlachtschiffe, Kreuzer, Zerstörer) die Insel Iwo Jima beschießen. Am Landungstag hatten zusätzliche Flottenkräfte und Bomber den Feuerschlag zu unterstützen.

Für die Operation war die 5. Flotte (Admiral Raymond A. Spruance) vorgesehen: Landungsstreitkräfte (Admiral Richmond K. Turner): sieben alte Schlachtschiffe, elf Geleitträger (352 Flugzeuge), vier Schwere Kreuzer, Minensucher, Transporter, Landungsfahrzeuge (zusammen 495 Einheiten); Trägerkampfgruppe (Admiral Marc A. Mitscher): 17 Träger (1 170 Flugzeuge), acht schnelle Schlachtschiffe, drei Schwere Kreuzer, zwölf Leichte Kreuzer, 72 Zerstörer (zusammen 118 Einheiten); erstmals fuhr auch der Schlachtkreuzer „Alaska“ (32 000 Tonnen) mit. Landungstruppen: 3., 4. und 5. Marinedivision (30 000 Mann) unter Generalleutnant Holland M. Smith.

Iwo Jima, Hauptinsel der Bonin-Gruppe, ist ein kleines (knapp 20

Quadratkilometer) Eiland vulkanischen Ursprungs. Das Südufer – Angriffsschwerpunkt – ist steil, terrassenförmig, weist Sand, Kies, Asche auf; davor steht eine starke Brandung mit Querströmen. Im Südwestteil der Insel erhebt sich der Suribachi-Yama-Berg, Felsgelände verläuft quer zum Südostufer. Auch im Nordosten herrscht zerklüftetes Terrain vor. Eine tafelförmige Ebene formt das Zentrum mit dem Flugplatz Motoyama; im Nordteil lagen noch zwei Rollfelder. Die Umgegend dort weist Steindschungel, Schwefelquellen und Vulkanmagma auf. Außer Gras fehlt auf Iwo Jima jeglicher Bewuchs.

Die japanische Garnison schätzte man auf 14 000 Mann. Tatsächlich aber standen dort 22 000 unter dem bisher härtesten Troupier, dem die Amerikaner begegneten: Generalleutnant Tadamichi Kuribayashi. Er war eine Zeitlang in den USA, wußte ihre Stärke und Waffenüberlegenheit richtig einzuschätzen, wie umgekehrt auch die Amerikaner einen äußerst blutigen und schwierigen Waffengang befürchteten. Was dann auch eintraf. Denn jeder Quadratkilometer der Südküste war vermint, verdrahtet, untergraben. Das Gelände glich einem Termitenbau mit Höhlen, Fluchten, Tunnels. Stellungslabyrinthe äderten den Abwehrbereich, sogar die Flugplätze waren unterminiert. Ein Gemisch aus vulkanischem Sand und Zement lieferte bombensicheren Beton zum Bau der Bunker, MG-Nester, Kampfstände, Werfer- und Geschützstellungen, die in günstigen Positionen angelegt waren. Überschneidende Feuerbereiche riegelten das Vorfeld ab. Tausende „Fuchslöcher", Kavernen und Sappen waren durch Querstollen verbunden und bildeten ein „kommunizierendes System", in dessen Zentrum Kuribayashi führte.

Obwohl die Amerikaner dieses Festungswerk seit Dezember 1944 fast täglich bombten und die Flugplätze in Trümmer warfen, wurde die Flak immer stärker. Deshalb zweifelte man daran, ob die Abwehranlagen überhaupt noch auszuschalten waren. General Smith verlangte, vor dem Angriff mit einem achttägigen Beschuß durch Kreuzer und Schlachtschiffe den Weg freizuschlagen. Mit Spezialmunition sollten im Direktfeuer die erkannten Betoneinrichtungen zerschlagen werden. Spruance aber bewilligte nur ein dreitägiges Vorbereitungsfeuer. Und das wurde dann noch vorzeitig eingestellt, als Schlechtwetter die Sicht nahm.

Die Flotte sollte wieder eine Doppelaufgabe erfüllen. Zwischen dem 16. und 21. Februar war für Mitschers Task Force 58 rollender Einsatz der Trägermaschinen gegen Tokio vorgesehen, während andere Flottenteile Sicherungsfunktionen für die Landungskräfte ausübten.

Nach einem schwachen Feuerschlag gingen die Marineinfanteristen

(„Marines“) am 19. Februar 1945, um neun Uhr, in die Landungsboote, nachdem Minensucher, UDT-Leute im Zerstörerschutz die Fahrstreifen und Landungsabschnitte minenfrei gemacht hatten. Dennoch flogen vor der Küste einige Landungsboote in die Luft oder prallten auf Untiefen; andere wurden von Mahlströmen und Brandungswogen demoliert; wieder andere gerieten ins schwere Abwehrfeuer unerkannter Batterien und mußten beschädigt abdrehen. Erst nach einem zweiten Artillerie-Trommelfeuer donnerten die Wellen der Landungsboote, beladen mit Marines, Amphibienfahrzeugen und Nachschub, landan.

Die mit wadenhoher Vulkanasche überzogene Uferregion war schmal, steil und von den sie umgebenden Felskuppen aus leicht zu beherrschen. Artillerie, Granatwerfer und MGs schlugen die Spitzenboote zusammen und töteten viele Insassen. Es kostete Opfer, an den Strand zu kommen.

Trotzdem überwanden die Marines noch am D-Tag die Küstenbarriere und bildeten einen zirka 4 000 mal 500 Meter großen Landekopf, der allerdings mit 3 650 Mann Totalverlusten bezahlt werden mußte. In den nächsten zwei Tagen wurde der Flugplatz Motoyama Nr. 2 (900 mal 200 Meter) erobert; das heißt, es mußten 800 Schützenlöcher ausgeschaltet werden. Jetzt betrug die Ausfallrate schon runde 5 000 Mann.

Nun traten die Kräfte gegen den Suribachi-Yama-Berg an: 28. Regiment, Panzer, Flammenwerfer, Sprengfachleute. Die 3. Division sollte im Zentrum, die 5. links, die 4. rechts vorgehen. Smith verlangte die Bombardierung des Nordteiles. Spruance aber konnte nicht, denn Mitschers Träger liefen auf Tokio-Kurs, und er hatte nur die Träger mit Nachtjagdeinrichtung, „Saratoga“ und „Independence“, hierbehalten, die sich mit Japanern herumschlugen. Man einigte sich, das Perimeter zurückzunehmen und den Suribachi-Breich mit Schiffsartillerie „weichzutrommeln“.

In der Dunkelheit mischten sich plötzlich unbemerkt sechs Kamikazes unter die rückkehrenden Jäger. Der erste knallte aufs vordere Flugdeck; der zweite lud auf „Saratoga“ die Bombe ab und rutschte in die See; der dritte krachte durch die Bordwand ins Hallendeck; der vierte (die Flak riß ihm einen Flügel ab) trudelte in die Flut und riß dem Träger ein Leck unter der Wasserlinie. Die fünfte Zero traf wieder das Flugdeck, und die letzte wurde von der Flak erwischt, doch die Bombe flog weiter und hieb ein zweites Loch in die Bordwand. Erstaunlich: „Saratoga“ blieb gefechtsfähig. Als nach zwei Stunden die Brände gelöscht waren, warfen Feindflieger plötzlich Leuchtschirme ab und griffen an. Die meisten endeten in der Flaksperre. Doch eine 700-kg-Bombe traf wieder das vordere Flugdeck der „Saratoga“, durchschlug fünf Decks, detonierte und riß ein großes Loch. Zwei Stunden danach landeten wieder Trägermaschinen auf der heilgebliebenen achteren Hälfte des Flugdecks. Auch der Geleitträger „Bismarck Sea“ wurde attackiert. Der erste Kamikaze schlug neben dem achteren Fahrstuhl ein, der gerade unten war; ein zweiter stieß in die durch Feuer erhellte Luke. Die Explosion tötete etliche Seeleute, und das Schiff sank. Spruance, mit der Fliegerabwehr vollauf beschäftigt, brach das Artilleriefeuer auf den Suribachi ab. Die Marines waren auf die eigenen schweren Waffen angewiesen. Störfeuer des Feindes trommelte die Bereitstellungsräume ab. Die ganze Nacht über. Und es gab schon hohe Ausfallzahlen, ehe der Sturm auf den Berg begann.

Es wurde ein mörderischer Weg: Steinblöcke, Felsrillen, Aschefelder, Geröllhalden, Sandbetten, Erdspalten, erkaltete Lava, Staub, Schwefelrauch. Dazu Nieselregen, Dunst, künstlicher Rauch. Und Hunderte Schützenlöcher, Kampfposten. Pioniere rückten mit Ladungen, Flammenwerfern, HC-Rauchbomben, TNT-(Trinitrotoluol-) Blöcken, Phosphorgranaten und Thermitladungen vor. Bazooka-Raketen zertrümmerten Widerstandsnester. Es wurde ein blutiger Nahkampf um Meter.

Obwohl der Suribachi-Berg schon am vierten Kampftag fiel und das Bild der Flaggenhissung auf seinem Gipfel – das meistkolportierte Foto des Zweiten Weltkrieges – den Sieg der Alliierten im Pazifik symbolisieren sollte, hielten die gnadenlosen Gefechte auf Iwo Jima (später auf Okinawa, auch andernorts) noch lange an.

Dennoch: Als die Marines über Tote hinweg am Abend des 23. Februar 1945 die Spitze des Suribachi Yama – sie nannten ihn „Hot Rocks“ (Heiße Felsen) – erreichten, war damit auch die Schlüsselposition von Iwo Jima gewonnen, hatte die Inselschlacht ihren Kulminationspunkt überschritten. Ein Reporter schoß oben das erwähnte Foto, das die Weltpresse brachte. Der Indianer auf dem Bild – er hieß Ira Hayes und gehörte zum Stamm der Pima – wurde als zweiter Indianer der USA mit der höchsten Tapferkeitsmedaille ausgezeichnet, der Medal of Honor. (Nach dem Kriege verfiel er der Armut und dem Alkohol und ertrank – in einem Wassergraben!)

Die Japaner jedenfalls beeindruckte die Siegesfahne des Feindes auf dem Berg oben nicht. Sie fochten weiter. Schließlich sollte der Inselkampf pausenlos 27 Tage und Nächte anhalten. Und es wurde der blutigste Waffengang des ganzen Pazifikkrieges. Er übertraf noch die „Blutmühle“ von Tarawa im November 1943. Denn: Je tiefer die

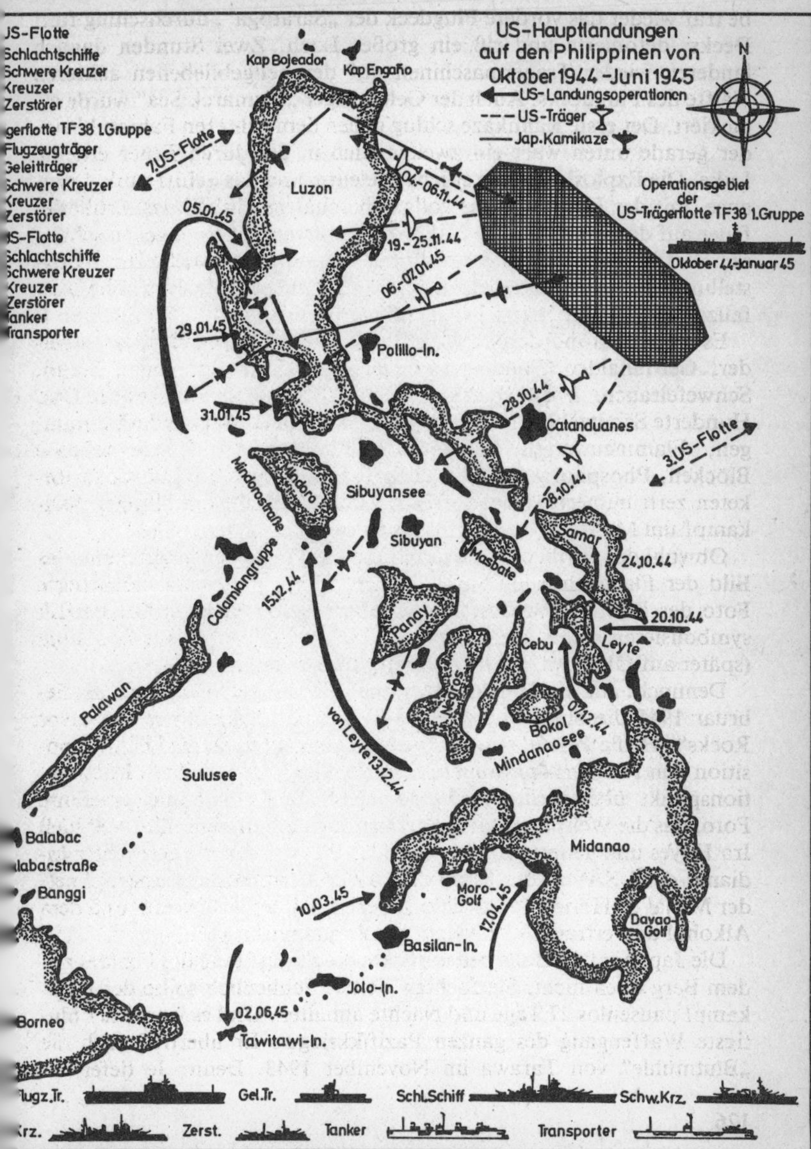

US-Hauptlandungen auf den Philippinen von Oktober 1944 - Juni 1945
US-Landungsoperationen
US-Träger
Jap. Kamikaze
N
JS-Flotte
Schlachtschiffe
Schwere Kreuzer
Kreuzer
Zerstörer
gerflotte TF 38 1. Gruppe
Flugzeugträger
Geleitträger
Schwere Kreuzer
Kreuzer
Zerstörer
3S-Flotte
Schlachtschiffe
Schwere Kreuzer
Kreuzer
Zerstörer
Tanker
Transporter
7. US-Flotte
3. US-Flotte
Operationsgebiet der US-Trägerflotte TF 38 1. Gruppe
Oktober 44-Januar 45
Kap Bojeador
Kap Engaño
Luzon
04.-06.11.44
19.-25.11.44
06.-07.01.45
05.01.45
29.01.45
31.01.45
Polillo-In.
28.10.44
28.10.44
Catanduanes
Mindorostraße
Mindoro
Sibuyansee
Sibuyan
Masbate
Samar
24.10.44
20.10.44
Leyte
Calamiangruppe
15.12.44
Panay
Negros
Cebu
Bokol
07.12.44
Mindanaosee
von Leyte 13.12.44
Palawan
Sulusee
Balabac
labacstraße
Banggi
Borneo
Midanao
Moro-Golf
Davao-Golf
10.03.45
17.04.45
Basilan-In.
Jolo-In.
02.06.45
Tawitawi-In.
lugz. Tr.
Gel. Tr.
Schl. Schiff
Schw. Krz.
Krz.
Zerst.
Tanker
Transporter

Amerikaner in die Insel vorstießen, desto häufiger ließen sich Japaner überrollen, überfielen Stützpunkte, Depots, Verbandsplätze, Posten, Melder, Troßfahrer; sie erbeuteten Waffen, Munition, Verpflegung und Medikamente und verschwanden wieder wie Gnome in Erdspalten und Kavernen. Kein Japaner ergab sich.

Mitte März 1945 hatte General Holland M. Smith seine Divisionen durch den Steindschungel bis an die Nordspitze der Insel vorgeschoben: Von 30 000 Soldaten waren 21 000 ausgefallen (davon allein 5 000 Tote). Von Kuribayashis 23 000 Elitesoldaten fielen nur ganze 212 Schwerverwundete in die Hand der Amerikaner. Der überaus harte General verabschiedete sich am 15. März 1945 per Funk mit der letzten Lagemeldung und drei selbstverfaßten Gedichten vom Kaiser, und es ist unbekannt, ob, wie und wo er starb.

Am 17. März 1945 endete der letzte organisierte Widerstand auf Iwo Jima. Doch zehn Tage später überfielen 200 Japaner unter Führung eines Offiziers den bereits in Betrieb genommenen Flugplatz Motoyama Nr. 3 und töteten etliche Flieger und Pioniere. Am 4. März war auf Iwo Jima schon der erste (beschädigte) Bomber gelandet; bis Kriegsende wurden es 2 250 Flugzeuge. Iwo Jima war Stützpunkt und zugleich Trittstein auf dem Weg nach Japan geworden. Iwo Jima hatte die Amerikaner rund 5 000 Tote gekostet; 168 Flugzeuge gingen verloren.

General Holland M. Smith kommentierte die Schlacht so: „Die Kämpfe waren die zähesten, die Marinesoldaten in 168 Jahren je durchstanden.“ Das besagt alles.

Admiral Chester W. Nimitz schickte sogar ein Glückwunschtelegramm: „Die Eroberung von Iwo, die so wichtig wie hart war, hat Sie die schwierigsten Abwehrsysteme, die Geschicklichkeit und Findigkeit auf einer von Natur aus zur Verteidigung geeigneten kleinen Insel errichtet haben, überwinden lassen. Ihr Sieg, der schon bei der ersten Landung gesichert war, wird eine neue Seite der amerikanischen Geschichte schmücken. Heute lobpreisen Ihre Landsleute die Tat.“

Noch während der Kämpfe um Iwo Jima wurden die Nachbarinseln Chichi Jima, Shima und andere Atolle erobert, die Invasion gegen die Ryukyu-Insel Okinawa (D-Tag: 1. April 1945) vorbereitet.

General Kuribayashis mysteriöser Abgang nach verlorener Schlacht auf Iwo Jima initiierte spontane Selbstmordangriffe einiger Kommandeure, Harakiri-Exzesse, während sich Kamikazes vom Himmel stürzten und munitionslose Soldaten einander bajonettierten. Doch dieser Selbstzerstörungswahn, als Heroismus glorifiziert, brachte nicht die erhoffte militärische Wende.

Okinawa

Mit der Invasion gegen Okinawa sollte das „Inselspringen“ enden und der letzte Trittstein für den Angriff auf Japan gewonnen werden. Die Planer meinten, auf der Insel 780 Bomber stationieren und damit die Japanflüge der B-29-Maschinen von den Marianen herauf unterstützen zu können.

Es war ein großes Wagnis, Streitkräfte über riesige Entfernungen hinweg in ein Ziel zu bringen, das von feindlichen Stützpunkten umlagert war. Das wußten natürlich auch die Strategen. Einer von ihnen fand: „Ein für das Gelingen der ‚Operation Eisberg‘ entscheidender Faktor war das Transportleitsystem der amerikanischen Marine, welches nach vielen Versuchen und Rückschlägen im Jahre 1945 zur Vollkommenheit gediehen war.“ Im Klartext hieß das, die Technik des Auftankens der Schiffe auf hoher See wurde perfektioniert.

Die Vorbereitungen für die Okinawa-Operation liefen im Sommer 1944 an, obwohl als D-Tag der 1. April 1945 vorgesehen war. Und während der Schlacht um Iwo Jima (Bonin-Insel) im Februar 1943 flogen Trägermaschinen auch Okinawa an, bombten und fotografierten.

Für „Operation Eisberg“ wurde die größte Flottenansammlung der Geschichte aufgeboten, zusammen 1 682 Schiffe in der 5. Flotte (Spruance). Davon umfaßte Turners Landungsverband allein 1 213 Einheiten, zu denen 14 Geleitträger (564 Flugzeuge), zehn Schlachtschiffe, 430 Transporter und Landungsschiffe gehörten. Sicherung fuhren wieder Mitschers 15 große Träger (919 Maschinen), die in Ulithi lagen. Am 11. März raste dort ein Kamikaze direkt in eine Filmvorführung auf dem Deck des Trägers „Randolph“, tötete etliche Soldaten und steckte das Schiff in Brand. Doch drei Wochen später war es wieder fronttauglich. Erstmals nahm auch eine britische Kampfgruppe, die Task Force 57 (Vizeadmiral Sir Bernard Rawlings), am Seezug teil: vier Träger (244 Maschinen), zwei schnelle Schlachtschiffe, vier Leichte Kreuzer, zwölf Zerstörer. Außer den 1 727 Trägerflugzeugen wurden noch die landgestützten Maschinen der 5. Air Force (Lynd) und 14. Air Force (Chennault) auf Plätzen in den Marianen, Philippinen und in China bereitgehalten.

Für die Landung war die 10. Armee (Generalleutnant Simon B. Buckner) vorgesehen: XXIV. Armeekorps (Generalmajor John Hodge) mit zwei Infanteriedivisionen; III. Amphibisches Korps (Generalmajor Roy S. Geiger) mit zwei Marine- und zwei Infanteriedivisionen; eine Division war Armeereserve, eine andere stand noch auf Neukaledonien zum Abruf bereit. Die Sturmdivisionen (je 20 000 Mann), zusammen 183 000 Soldaten, wurden noch durch 271 000 Angehörige rückwärtiger Dienste (Baubataillone, Pioniereinheiten) ergänzt. Zwei Millionen Tonnen Material fuhren mit; allein die Navy stapelte 247 000 Fünfzoll-Magazine, 27 000 Tonnen Flakmunition und 44 000 Bomben.

Die Schiffe waren auf elf Häfen verteilt; der nächste lag fünf, der weiteste 26 Tagesmärsche vom Ziel entfernt: USA, Pearl Harbor, China, Neukaledonien, Espiritu Santo, Guadalcanal, Marshall-Inseln, Karolinen, Leyte, Ulithi und Saipan.

Am 14. März machten 40 Großschiffe der Trägerflotte (Mitscher) in Ulithi Dampf auf und erreichten nach vier Tagen die vorgegebene Position. Trägermaschinen griffen Kure und Kobe an. Kamikaze beschädigten drei Träger. Glück hatte die „Enterprise", denn der Bombentreffer war ein Blindgänger.

Okinawa (japanisch „Okinawashima") ist die größte Insel in der Ryukyu-Kette, die sich vom japanischen Kyushu südwärts erstreckt. Das 1 600 Quadratkilometer große, 100 Kilometer lange, drei bis 30 Kilometer breite Eiland weist im Nordteil bewaldetes Bergland und im Südabschnitt welliges Terrain auf. Diese Region mit Kalksteinhöhlen und Feldern, gesäumt von Höhenzügen und Schluchten, wählten die Japaner zum Abwehrzentrum.

Man rechnete mit rund 60 000 Verteidigern. Tatsächlich aber umfaßte die 32. Armee (Generalleutnant Mitsuri Ushijima) das Doppelte; davon waren 39 000 Infanteristen, 10 000 Marineangehörige, Artilleristen (500 Geschütze allein im Süden), ein Panzerregiment (14 mittlere, 13 leichte Kampfwagen), Pioniere, der Rest Arbeitskräfte. Stabschef war der versierte Generalleutnant Cho. Sein Konzept: Die Invasoren kommen lassen, an Land binden und mit den Kamikazes ihre Flotte vernichten. Toyoda irrte, weil er mit einem Angriff auf Japan gerechnet hatte. Nun bot er aktive Hilfe für Okinawa an, indem er den Treibstoffmangel der Flotte mit mandschurischem Sojaöl aufbesserte.

Die Amerikaner hofften auf den schnellen Sieg von vier Wochen; es wurden fast drei Monate daraus (1. April bis 22. Juni). Daran hatte auch der achttägige Feuerschlag nichts ändern können.

Schon vor den ersten Landungen flogen die Kamikaze ihre Attakken. Einer durchschlug auf der „Wasp" drei Decks, doch sie war nach einer Stunde wieder flott. Den Träger „Franklin" erwischte es böser.

Eine Bombe detonierte inmitten aufgetankter Flugzeuge, eine zweite steckte das Hallendeck in Brand. Flammen überall. Explosionen schmetterten. Ein Offizier sagte dazu: „Wie ein Erdbeben in einem brennenden Kohlenschacht." Kreuzer und Zerstörer löschten, und die „Pittsburgh" schleppte den lodernden Koloß, dessen Ruder klemmte, mit drei Knoten Fahrt ab. Schließlich kam er auf sechs Knoten, und tags darauf machte die „Franklin" wieder Dampf auf, warf die Trossen los und schipperte in die Staaten zur Reparatur. Dennoch: 800 Seeleute waren ausgefallen, das Radar hin.

Innerhalb von vier Tagen wurden 500 Feindmaschinen vernichtet; 36 führten OKA-Bomben mit sich.

Am 26. März überrannten US-Kommandotrupps auf der Inselgruppe Kerama Retto (16 Kilometer westlich Okinawa) die schwache Garnison und erbeuteten obendrein 350 Sprengboote. Sofort bezog Feldartillerie dort Stellung und feuerte nach Okinawa hinüber.

1. April 1945. Ostersonntag. Heiteres Wetter über dem Chinesischen Meer. Okinawas Umrisse schwammen am Horizont.

Im gehörigen Abstand stand Vizeadmiral Marc A. Mitschers Task Force 58 auf und ab. Weiter südlich, wo die Brandung der Ostchinesischen See gegen die Felsen von Sakishima Gunto und Formosa gischtet, kreuzte der Brite Rawlings mit seinem Verband und ließ Feindplätze bomben.

Schiffsgeschütze und 500 Trägermaschinen keilten in die Landestreifen an der Westküste, in die „Taille" der eidechsenförmigen Insel, nachdem schon eine Woche lang auf sie losgehämmert worden war. Dann rauschten 120 Minenräumer ab, säuberten die Anfahrtwege; UDT-Männer beseitigten Strandbarrieren; Zerstörer bewachten das alles.

Noch in der Nachmahd des Eröffnungsfeuers, im Dröhnen der Stukas, quollen aus den Transportern und Frachtern die Trauben der Marinefüsiliere und Infanteristen; vollbepackt stiegen sie die Taugebinde hinunter in die Landungsboote und brausten los, auf die Strände Blue und Purple Beach zu. Seetransporter mit Panzern und Amphibienwagen zockelten hinter den Sturmwellen her. Higgins (so hieß der Erfinder der Landungsboote), randvoll mit Munition, Verbandszeug, Verpflegung und allem, was man so vorn brauchte, tunkten im Abstand dem Ziel entgegen. Qualmkulissen deckten es zu. Taubengroß kurvten die Flugzeuge über dem Rauchmassiv. Detonationen rumsten. Und die Sturmsoldaten zogen die Köpfe ein, warteten auf das Abwehrfeuer. Aber nichts passierte.

Seltsam: Die Japaner rühten sich nicht. Kein Schuß fiel. Lag es daran, daß aus Positionen von 110 bis 160 Kilometern nordöstlich der Insel die Kampfgruppe 58 Gefechtsluftstreife über der Landungsflotte flog, Kyushu nicht aus dem Auge ließ, um Kamikaze und Schiffe vorzeitig abzufangen? Gewiß nicht. Zugegeben: Im Südosten kreuzten 17 leichte US-Träger (Geleitträger, „CVE": Abkürzung für „combustible, vulnerable, expendable" = umgebaute Handelsschiffe und Tanker mit 18 bis 36 Flugzeugen: schwach armiert, dünnwandig, für Überwassergefechte untauglich) und unterstützten die Landemanöver. Kreuzer und Schlachtschiffe donnerten in die Inselstellungen. Nein, es lag einfach am Konzept, das da lautete: „Kommen lassen!"

So gelangten die Sturmspitzen mühelos ans Ufer. In kurzer Zeit waren an die 20000 Mann dort. Es lief wie 1942 auf Guadalcanal. Damals hatten die Marines die Hölle erwartet – und dann Kokosnüsse geschlagen. Schließlich dauerte das Gewürge dann an die sechs Monate. Und hier fing es genauso harmlos an, und es sollte ebenso ablaufen. Fürwahr: Es gab Analogien zwischen der ersten und letzten großen Inselschlacht.

Bald stauten sich Soldaten und Güter am Strand, und während die Voraustrupps sondierten und loszogen, spülten die Folgewellen manövermäßig Verstärkungen und Nachschubgut an die Inselküste. Die (offiziell so genannte) 5. Amphibische Abschirmflotte, rekrutiert aus Zerstörern (man hatte ja 200) und Kleinfahrzeugen, baute sich martialisch in einem 160 Kilometer vom Ziel entfernten Kreisbogen als „Radar-Warnlinie" auf. In 15 Haupt-Wachstationen zusammengefaßt, sollten vor allem die Kamikaze-Flieger, die als Lichtpunkt auf dem Bildschirm erschienen, von diesen Mikro-Schiffen ausgemacht werden.

An Land klappte alles wie am Schnürchen. Noch im Spätlicht des Angriffstages konnten sogar die Flugplätze Yontan und Kadena genommen werden, wofür im Zeitplan eine Woche vorgegeben worden war. Das lag aber nicht am Schneid der Invasoren, sondern im simplen Umstand begründet, daß die Eingeborenen-Bautrupps auf die Verminung und Zerstörung verzichteten und wegliefen, während sich die Japaner in südliche Gefilde absetzten. Kein Wunder also, daß die Invasoren schon am D-Tag bis zum Ostufer durchrollten und Fühler nach Norden und Süden ausstreckten.

Die ersten vier Tage wurden noch von Patrouillen-Geplänkeln bestimmt, doch dann wurde es hart. Zumal im Süden riegelte ein mächtiger, tief gestaffelter Stellungsbau das Gelände ab. Schon im verminten

Vorfeld tobten Nahkämpfe. Die beiderseitigen Verluste stiegen sprunghaft an. Die Attacke lief sich schnell fest.

Auch auf See wurde es turbulent. Bis zum 3. April füllte sich das Schiffs-„Lazarett" im geschützten Ankerplatz auf Kerama Retto stetig mit lädierten Fahrzeugen. Wie Hornissen fielen die Kamikaze jäh aus dem Himmel und schlugen zu. Doch das langte bei weitem nicht aus, um die Amerikaner „groggy" zu schlagen.

Der 6. April zeigte klare Sicht und leicht gekräuselte See. Doch an Land „staubte" es gewaltig. Um den „The Pinnacle" genannten Hügel – dort hatte Matthew Perry vor hundert Jahren die US-Flagge gehißt – tobte eine wilde Schlacht. Die erste, um die im Südsektor gelegene Shuri-Linie der Verteidiger aufzureißen. Aber die Japaner fochten wie die Berserker. Das XXIV. US-Korps, auf die Hauptstadt Naha, den Flugplatz Yonabaru und Shur angesetzt, lag hoffnungslos fest.

Doch die Navy hatte andere Sorgen. Schon die Mittelwache ortete an diesem frühen Morgen „Schnüffler" (Feindflugzeuge) und vermerkte in ihren Rapporten bei Taganbruch „heftige Luftangriffe". Doch das war nur die Ouvertüre. Plötzlich zogen Wolken auf. Die Flak schoß neun Japaner vom Himmel. Nachmittags stand eine Wolkenbarriere.

Da ging es dann richtig los. „Götterwind"-Piloten fielen von allen Seiten über die Schiffe her. Die TBS-(Talk-between ship) Verständigungsgeräte plärrten Warnungen, und in den Gefechtsmeldezentralen stapelten sich die Funkdurchsagen haufenweise. Zwischen 13 und 18 Uhr zählte man 182 Feindflugzeuge, die zweiundzwanzigmal die Navy attackierten. Bomben und Torpedos krachten. Doch das war noch nicht alles. Schließlich wurden es 355 Kamikaze (230 Marine-, 125 Heeresflieger), die an diesem verhangenen Nachmittag die Vorposten-Position angeflogen hatten, drei Zerstörer versenkten, zwölf beschädigten und zwei Munitionsfrachter in den Grund schlugen. Hier hatte die Flotte gesündigt und gegen eine Seemannsregel verstoßen, die da heißt: „Allein fahrende Torpedoboote fahren immer zu zweit!" Das traf auch für Zerstörer zu. Doch die hatte man einzeln postiert. Insgesamt fielen 20 „Warnschiffe", darunter Minensucher, Kanonen- und Patrouillenboote aus. Eines der Opfer war die „Rodman". Zwar war jeder alarmiert und auf Gefechtsstation, doch der Radarschirm zeigte nichts an. Plötzlich kippten drei Zeros aus der Wolkenkulisse, fächerten aus und flogen an. Der eine Jäger rammte backbords das Hauptdeck und ging in einer Stichflamme unter; der zweite setzte steuerbords eine Lichtsäule. Der Bug war hin, und die „Rodman" lief aus dem Ruder, ging etwas tiefer, als sich wieder ein Opferflieger für seinen Tenno (Kaiser) in den Tod, hier auf das lädierte Schiff warf. Er riß es fast mittendurch. Munition explodierte. Matrosen gingen über Bord. Bergungsschiffe übernahmen die Verwundeten, während die Restmannschaft zu reparieren anfing. In der Frühe des 7. April traf die „Rodman" mit eigener Kraft in Kerama Retto ein. Der Reparaturplatz füllte sich zusehends.

Die Lücken in der Radar-Warnlinie wurden wieder gestopft. Nicht zu früh, denn die „Söhne des Himmels" kamen erneut angebraust.

Als Ergänzung schickte das Oberkommando an diesem 7. April das größte Schlachtschiff der Welt und Japans Stolz, die mit 18,1-Zoll-Geschützen armierte „Yamato", in Begleitung des Leichten Kreuzers „Yahagi" und mit acht Zerstörern in die Gewässer vor Okinawa. Vizeadmiral Seiichi Ito führte den Verband. Wegen des Treibstoffmangels hatten andere Schiffe ihre Vorräte hergeben und zurückbleiben müssen. Aber das langte noch nicht. Deshalb bunkerte die „Yamato" auch reichlich Sojaöl. Vor allem fehlte eines: der Schutz durch Flugzeuge. Doch in Tokio baute man ja auf die enge Kooperation mit den Kamikaze. Schließlich sollte sich ja auch dieser Flottenverband opfern. Offiziere und Mannschaften waren schon auf den Tod für den Kaiser eingeschworen.

Die „Yamato"-Gruppe wurde schon früh von einem US-U-Boot ausgemacht und gemeldet. Um 8.23 Uhr gab ein Trägeraufklärer der „Essex" die Position der Japaner südlich Kyushu an, und um 12.32 Uhr schickte Spruance 400 Flugzeuge los. Das schlechte Wetter hinderte den Gegner, die US-Maschinen schon von weitem mit den 46-cm-Schrapnells wirksam abwehren zu können. So brachen die Trägerstaffeln durch das Flakfeuer. Der ungleiche Kampf begann.

Die „Yahagi" wurde schwer getroffen und ging nach zwei Stunden unter. Von der ersten Welle erhielt auch die „Yamato" backbords mehrere Torpedo-Einschläge und legte über. Nach weiteren Torpedotreffern beim zweiten Anflug, diesmal an Steuerbordseite, schwang der Riese wieder auf ebenen Kiel. Doch die dritte Welle plazierte einige Bomben nahe der Brücke. Feuer brach aus. Weitere Torpedos detonierten und rissen das Schiff jetzt nach backbord. Sechs anfliegende Torpedoflugzeuge der „Yorktown" drehten plötzlich wieder ab, und mit den nun von drei auf sechs Meter Tiefgang umgestellten Torpedos fegten die Maschinen dicht über dem Wasser steuerbords heran. Fünf „Aale" trafen. Die „Yamato", von schweren Detonationen erschüttert, versank. Von 2767 Besatzungsmitgliedern überlebten nur

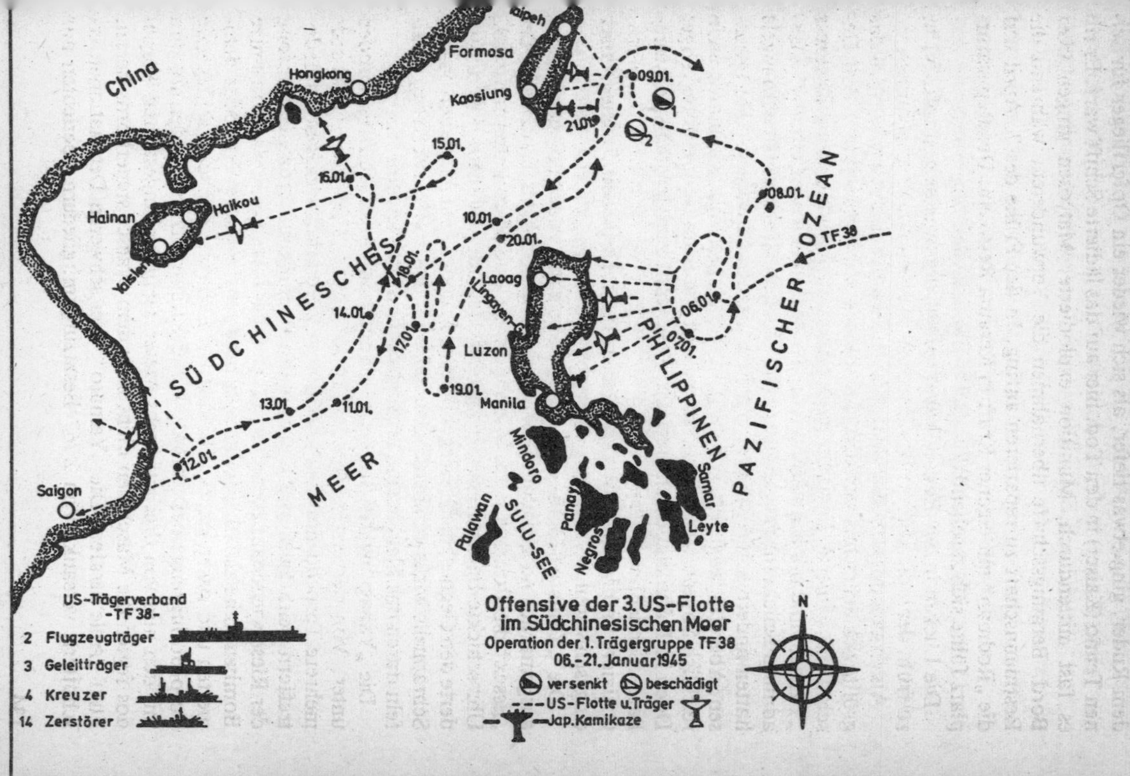
China
Hongkong
Formosa
Taipeh
Kaosiung
Hainan
Haikou
Yaislen
Saigon
SÜDCHINESCHES
MEER
PAZIFISCHER OZEAN
TF38
PHILIPPINEN
Laoag
Lingayen
Luzon
Manila
Mindoro
Panay
Negros
Samar
Leyte
Palawan
SULU-SEE
08.01.
09.01.
06.01.
07.01.
10.01.
11.01.
12.01.
13.01.
14.01.
15.01.
16.01.
17.01.
18.01.
19.01.
20.01.
21.01.
1
2
N
US-Trägerverband
-TF 38-
2 Flugzeugträger
3 Geleitträger
4 Kreuzer
14 Zerstörer
Offensive der 3. US-Flotte
im Südchinesischen Meer
Operation der 1. Trägergruppe TF 38
06.-21. Januar 1945
versenkt
beschädigt
US-Flotte u. Träger
Jap. Kamikaze

23 Offiziere und 246 Matrosen. Auch Ito und der Schiffskommandant waren umgekommen. Von den ursprünglich acht Zerstörern kehrten nur vier (beschädigt) heim. Diese Opfer hatte man umsonst gebracht; sie beeinflußten die Okinawa-Schlacht überhaupt nicht.

Den nächsten Masseneinsatz flogen 185 Kamikaze zwischen 11. und 13. April. Wieder litten die Vorposten-Zerstörer am meisten. Erst als am 15. und 16. April nochmals 165 Japaner den Sicherungsring zerrupften, änderte man die Zerstöreraufstellung zu Zweier- und Vierergruppen um.

Am 8. April traten die 6. und 29. US-Division im Zentrum Okinawas gegen die befestigten Feindstellungen auf der Halbinsel Motobu an, während die 4. Division an der Basis abriegelte und die 22. Division weiter nordwärts stieß, um das letzte Drittel der Insel zu besetzen. Zu diesem Zeitpunkt hatten die Invasionstruppen bereits Ziele erreicht, für die im Plan drei Wochen vorgesehen waren. Während im nördlichen Bereich der Vormarsch trotz Regen und Schlamm relativ gut rollte, stagnierte er im Süden, und die Kämpfe im Vorfeld von Naha und Shuri entwickelten sich zusehends zum gnadenlosen Grabenkrieg.

Die Japaner überließen, abgesehen von Heckenschützenaktionen und Störversuchen durch Mörserbeschuß, das zumeist offene und schwer zu verteidigende Gelände im Mittelteil und im oberen Drittel der Insel den Amerikanern, während sie das Gros der Truppen in den Abwehrschwerpunkten um Motobu, Naha und Shuri konzentrierten.

Trotz des Erfolges auf See, großer Geländegewinne auf Okinawa und offensichtlicher Überlegenheit an Truppen und Material, konnte von einem Erfolg der Invasion noch keine Rede sein. Im Süden stand die Schlacht erst in ihrem Anfangsstadium, und im Norden, auf Motobu, tasteten sich die Amerikaner noch langsam in die Angriffsposition vor.

Die anfangs heitere, fast übermütige Vormarschlaune verschliß sich schnell in Schlamm und Regen, und sie schlug in Verdrossenheit und verbissenen Trotz um, als die Wagen nicht mehr weiterkonnten und die Soldaten durchnäßt, hungrig und müde durch die Dunkelheit stapften. Wegelosigkeit, Dschungel, Gebirge, Bäche und Sümpfe formten zusammen ein mörderisches Terrain, in dem jeden Augenblick der Gegner zuschlagen konnte. Granatwerfer, Pak und allerlei Gerät mußten mühsam geschleppt werden. In den Marschpausen gruben sich die Marines ein, wenn der Boden das zuließ, und die Löcher füllten sich immer wieder schnell mit Wasser. Ein paarmal verschwanden die Posten und Spähtrupps, und wenn dann plötzlich die Stimme eines der Vermißten in Todesangst aus dem Dunkel schrie und die Leute das Grauen ankam, dann wußten sie, daß jetzt einer ihrer Kameraden gefoltert und getötet wurde.

Während Teile der 29. Division Bise im Südwesten von Motobu stürmten, zwei Bataillone der 4. Division auf Suga am Westufer vorgingen, fächerte die 22. Division südwärts auf Arwa aus. Die 77. Infanteriedivision landete an der Westküste der Insel le Shima. Auf dem nur elf Quadratkilometer großen Eiland hielt ein japanisches Bataillon den Flugplatz. Es ging also voran – schneckengleich.

Motobu selbst war eine Felsenfestung; Berge bis 1 500 Meter hoch. In einem der Massive lag die Abwehrzentrale: 1 200 Elitesoldaten unter Oberst Udo, gegliedert in die 44. gemischte Brigade, zwei Infanteriebataillone und Arbeitstruppen.

Der Kampf war mörderisch. Mit TNT-Ladungen, Flammenwerfern, HC-Rauchtöpfen und Thermytbomben wurden die Verteidiger aus den Kavernen gesprengt. Nahkämpfe tobten. Fußlange Bodengewinne wurden in Blut aufgewogen.

Am 30. April, genau vier Wochen nach Invasionsbeginn, wurden die 1. und 6. Marinedivision im Nordabschnitt der Insel Okinawa durch Infanteriekräfte abgelöst. Die durch wochenlange Guerillakämpfe ausgebluteten Truppenverbände wurden in improvisierten Regenerationscamps aufgefrischt, verstärkt, umgruppiert und zum XXIV. Armeekorps nach Süden detachiert, das noch immer seit Wochen im Gebirgsriegel vor Naha und Shuri in verlustreiche Stellungskämpfe verwickelt war.

Im Südabschnitt hielt die „Phase 1“ des Angriffsplanes ohne sichtbare Erfolge noch immer an: kein Vorankommen, tiefes Verteidigungssystem, fanatischer Widerstand, stärkste feindliche Artilleriekonzentration, Verluste für die Amerikaner.

Bis 11. April konnten nur geringe Geländegewinne erzielt werden. Ein zerklüfteter, befestigter und zäh verteidigter Gebirgszug sperrte die Südspitze von Okinawa im Westen, von Naha bis Shuri im Osten. Regen und Morast würgten den Nachschub der Amerikaner ab, deren Sturmbataillone in den Felsregionen festlagen, die keinen Panzereinsatz erlaubten.

Wie oben auf Motobu, so mußte auch hier der Einzelkämpfer die Last der Schlacht allein tragen. Die Angriffskräfte der 27. Infanteriedivision (rechts), der 96. Infanteriedivision (Mitte) und der 7. Infanteriedivision (links) lagen bis Ende des Monats in der Front fest und bluteten aus, weshalb der Kommandierende General Buckner umgruppierte, um endlich den entscheidenden Durchbruch im Festungsriegel zu erreichen. Trotz der Hilfe durch Schiffsartillerie und Flugzeuge waren in die Fortifikationen keine Breschen zu schlagen.

Das Auffrischungscamp beim Flugplatz Yonabaru, eine Zeltstadt, glich Anfang Mai einem Heerlager. Truppenkontingente aller Waffengattungen wurden hier registriert, versorgt und dann in Marsch gesetzt. Die Reste der angeschlagenen Divisionen verschmolzen zu neuen, kampfstarken Verbänden. Reserven, die bis jetzt auf den Schiffen warteten, kamen nun überstürzt zum Einsatz, und die Verwundetenzahlen stiegen bedenklich an. Die Gräberregistratur hing im Streß, schrieb Totenlisten, regelte den Nachlaß. Ein sicheres Indiz dafür, was vorn los war. Nun kapierten auch die Optimisten, daß der scheinbare „Jagdausflug“ gar keiner war. Während sich oben in Motobu die GIs mit versprengten Nipponkriegern herumschlugen, ertranken unten alle Sturmanläufe sofort in Morast und Blut. Nichts lief mehr. Deshalb wurde umgruppiert; man wollte, mußte loskeilen. Dazu war das XXIV. Korps ausersehen, das bisher den Westflügel sicherte. Diesen Sektor übernahm nun das III. Amphibische Korps: Die 6. Marinedivision löste dabei die 1. Division ab, welchc zur 27. Infanteriedivision (I.D.) trat; 77. I.D. zog von le Shima zur 96. I.D. herüber. Angriffszeit: 10 Mai, 09.00 Uhr. Zwei Stunden früher sollten Trägermaschinen, Heeres- und Schiffsgeschütze anfangen zu trommeln. Jetzt mußte etwas passieren, denn im Südabschnitt war man in 40 Tagen nur fünf Kilometer vorangekommen.

Angriffsziele waren das Dorf „Wana Ridge“ (es wurden amerikanische und amerikanisierte Ausdrücke verwendet), „Sugar Loaf Hill“, „Dakeshi Ridge“ und „Dakeshi Town“. Hier brachten die Japaner über See Truppen und Nachschub heran. Mörderisches Terrain: Dikkicht, Steilwände, Felsriegel, Geröllfelder. Solch ein Ring schützte Shuri. Der Regen schraffierte alle Umrisse, nahm die Sicht. Haumesser schafften schmale Pfade. Oft lauerten japanische Todeskommandos im Gestrüpp. Die Männer trugen in grünen Flaschen Pikrinsäure am Gürtel, stürzten sich von den Felsen und rissen die überrumpelten Gegner mit sich in den Tod.

Die Amerikaner starteten ihre Maschinen jetzt schon vom Platz Yontan. Da passierte ein Überfall. Als plötzlich fünf japanische Maschinen anflogen, konnten vier abgeschossen werden, die letzte kam herunter. Ein 10-Mann-Kommando beschädigte 26 abgestellte US-Flugzeuge und steckte 300 000 Liter Benzin an, ehe es getötet wurde.

Ende Mai waren die Verteidiger auf ihre letzte und stärkste Stellung bei Shuri, einer mittelalterlichen Festung mit meterdicken Mauern, abgedrängt worden. Abwehrzentrum bildete die Zitadelle, die jedem Beschuß durch Heeresartillerie standhielt. Das Vorfeld konnte nicht gestürmt werden; es war total vermint und mit überlappenden Feuerbereichen geschützt. Also mußte eben die Schiffsartillerie aushelfen. Doch selbst die 40,6-cm-„Koffer" von Schlachtschiffen zeigten keine Wirkung. Jetzt holte man die für solche Spezialaufgaben bekannte „Mississippi". Das Schlachtschiff hatte nicht nur seinen Ruf zu verteidigen, sondern auch der Infanterie zu helfen. Das spornte mächtig an. Das Schiff bezog Position. Aufzüge klingelten, die Bedienung spritzte umher, im Feuerleitstand rechnete man die Koordinaten aus. Lifte hievten Panzer- und Sprenggranaten zu den Breitseitgeschützen. Und alles war gespannt. Die erste Salve lag voll drin. Nichts. Andere folgten. Wieder nichts. So ging es weiter mit 6-Schuß-Salven (panzerbrechende und normale Munition), doch das Bollwerk hielt. Qualm lag darüber.

Um vier Uhr waren 50 Granaten verschossen, und der Granitblock stand noch immer. Gegen fünf hatte man hundert Schüsse abgegeben – um acht schon fünfhundert. Die Bedienung war erschöpft. Sie wurde abgelöst.

10 Uhr: Das eintausendste Geschoß fegte aus dem Rohr. Ein Geschütz fiel wegen Defekts an der Rohrrücklaufbremse aus. Und Shuri stand noch immer.

Gegen Mittag erst, nach 1 300 Treffern, Kaliber 35,6-cm, zerbrach die Bastion. Unter dem Rauchschleier lagen Trümmerberge. Mittendrin erhoben sich Ruinenreste, Fragmente der Granitmauern. Die Japaner hatten sich in die Kasematten verkrochen, warteten die Feuereinstellung ab und kauerten sich kampfbereit ins Steinchaos. Dann kamen die Amerikaner.

Obwohl in drei Gruppen aufgespalten, fochten die Verteidiger verbissen weiter. Auch um Naha wurde erbittert gerungen. Zwar waren die Gebirgszüge und Schluchten am Asato Gawa- und Kokuba-Fluß sowie die Kanalanlagen im Westteil der Hauptstadt besetzt, doch es gab viel Geplänkel mit Versprengten.

Was hatte sich inzwischen auf See zugetragen?

Die Kampfgruppe 58 (Mitscher) und B-29 der Heeresluftwaffe, die von den eroberten Plätzen in Yontan und Kadena ihre „Gefechtsluftstreifeneinsätze" flogen, unterstützten die Invasion. Dazu standen 13 Träger der Task Force 58 vom 23. März bis 27. April östlich Okinawa breitgefächert: Dazu stießen noch 18 Geleitzerstörer und die britische Task Force 57 mit vier großen und sechs umgebauten Flugzeugträgern. Fürwahr: ein wehrhafter Kordon. Gefechtsstreife flogen tagsüber 50 bis 120 US-Maschinen. Hinzu kam ja noch die schon erwähnte „Radar-Warnkette“ aus Zerstörern und Kleinfahrzeugen. Die Flak auf Schiffen und an Land reichte vom Kaliber 20 Millimeter bis fünf Zoll.

Ende April waren 20 US-Schiffe versenkt, 157 beschädigt, die meisten durch Kamikaze. Aber die Flotte hielt weiter durch. Besonders die Schlachtschiffe, Kreuzer, Zerstörer und Geleitträger der Konteradmirale M.L. Deyo und W.H.P. Blandy unterstützten Tag und Nacht die Landungstruppen. Sie schossen Tonnengewichte in die Insel, warfen Napalm, wehrten Fliegerattacken ab. Trotz hoher Verluste ließen die „Kikusui“-(Spezialangriffs-)Operationen der Japaner nicht nach. Am meisten zahlten die Kleinfahrzeuge drauf. So der Minenleger „Aaron Ward“; den griffen am 3. Mai 25 Zeros an – Trefferserien machten ihn lahm, aber nicht kaputt.

Es herrschte fast Daueralarm auf See. Über 40 Tage. Darum hofften die Männer auf schlechtes Wetter, denn da kamen die Zeros nicht. Zum Glück gab es „Magic“ („Zauber“), mit dem die Navy den Feindfunk abhören und dechiffrieren konnte, so daß die Angriffe früh genug bekannt wurden. Trotzdem führten Dauerbelastung und Übermüdung zu Hysterie und anderen Krankheiten bei den Marineangehörigen.

An Land und auf dem Meer tobte die Schlacht unvermindert weiter. Japanische U-Boote verschiedener Größe und die „Selbstmordboote“ („Moskitos“ genannt): 5,40 Meter lang, ein Mann, zwei 250-Pfund-Unterwasserbomben, sollten den Opfergang der Kamikaze auf See nachvollziehen. Runde 300 davon wurden auf Kerama-Retto gefunden. Sehr effizient waren die Fahrzeuge nicht. Am 9. April rammte eines den Zerstörer „Charles J. Badger“ und ruinierte die Maschinen. Manchmal gelang ihnen ein Coup gegen Frachter. Doch die Navy behalf sich mit „Flycatcher“-(„Fliegenfänger“-)Patrouillen, welche diese Sprengboote erledigten.

Am 11. Mai kamen die Kamikazes zu einem großen Erfolg. Bei hohen eigenen Verlusten überwanden sie die Kampfpatrouille, und zwei Japaner warfen sich auf die „Bunker Hill“, Mitschers Flaggschiff, töteten 402 Männer und verwundeten 264. Als die Brände erstickt waren, lief der Träger mit Heimatkurs ab. Mitscher wechselte mit dem Stab auf die „Enterprise“. Morgens bohrte sich dort ein Kamikaze in den vorderen Fahrstuhl, der dann weit in die See hinausflog.

Auch die britische Kampfgruppe Rawlings, deren Trägerstaffeln die Inseln Okinawa und Formosa anflogen, wurden öfters von Opferfliegern attackiert und erlitten Verluste. Doch ihre Träger kamen dabei gut weg, denn die meisten schräg auftreffenden Zeros prallten von den Panzerplatten an Deck ab (die Amerikaner hatten Holzdecks). Durch einen Bedienungsfehler wurde der Träger „Formidable“ schwer beschädigt; die Bordkanone eines Jägers ging plötzlich los, traf andere Maschinen, Feuer brach aus, 28 Flugzeuge verbrannten.

Auch am 27. Mai flogen die Kamikazes einen Masseneinsatz, 115 wurden abgeschossen. Tags darauf ein neuer, schwächerer Pulk. Zerstörer „Drexler“ und etliche Kleinschiffe mußten dran glauben.

Um Mitternacht war Kommandowechsel. Spruance und Mitscher übergaben an Halsey und McCaine.

Ende Mai lag die japanische Elite der 32. Armee tot in den Stellungen: runde 50000 Mann. Mit dem Rest zog Generalleutnant Mitsuru Ushijima in die zerrissene Uferregion im Süden; dort standen sie „mit dem Rücken zur See“. Über der Zitadelle in Shuri mit den sechs Meter dicken Granitwänden wehte die US-Flagge. Nun stellte sich der japanische General mit seinen Mannen zum Endkampf in der felsigen Abwehrlinie, in Hügeln und Klippen zwischen Itoman und Hanagusuku.

Am 3. Juni kamen die Kamikazes wieder. Diesmal flogen 75 Maschinen 18 Angriffe. Tag darauf war Pause. Da half die Natur aus. Ein Taifun schüttelte die US-Schiffe mächtig, riß dem Kreuzer „Pittsburgh“ den Bug weg, beschädigte den Träger „Hornet“ und andere Einheiten. Am 5. Juni wieder Kamikaze-Tag. „Mississippi“ und „Louisville“ fingen Treffer ein. Tags darauf Angriffe von Norden her.

Es war Juni geworden. Zwei Monate dauerte nun schon die Schlacht um Okinawa. Am 1. Juni 1945 fiel Naha, die Hauptstadt, nachdem wochenlange Kämpfe um Gebirgszüge, Schluchten, Flüsse und Kanäle den Befestigungsgürtel aufgesprengt hatten. Säuberungen des Geländes und die zum Teil noch heftigen Guerillakämpfe zogen sich bis zum Juli hin.

Am 25. Juni wurden die beiden Korpsreserven auf die Sicherungslinie Naha-Yonabaru in Marsch gesetzt. Radioaufrufe bewogen tatsächlich viele Japaner zur Kampfaufgabe. Bis zum Monatsende ergaben sich beim III. Korps 4029 Mann, beim XXIV. Korps sogar 7401. Bis Mitte Juni hatten erst 322 Verteidiger die Waffen weggeworfen. Dennoch verwunderte der Gesinnungswandel. Nicht alle Japaner also waren bereit, für den Tenno zu sterben (dazu gab es Analogien in Deutschland). Doch es gab auch noch die Fanatiker, die sich wochenlang verschanzt hielten, die Amerikaner überfielen, sich sogar mit Fußtritten und Knüppeln wehrten und sich eher von den Klippen ins Meer stürzten, bevor sie sich ergaben.

Doch es gab nichts mehr zu gewinnen. Auch auf Okinawa war das Sonnenbanner untergegangen, die letzte Bastion gefallen. Die Amerikaner verloren 7283 Tote und 31398 Verwundete, die Japaner hatten 113000 Mann Totalverluste. Die Materialeinbußen beliefen sich bei den Amerikanern auf: 36 Schiffe gesunken, 369 beschädigt, 763 Flugzeuge eingebüßt. Die Marine registrierte 5000 Tote und ebenso viele Verwundete.

Die Japaner verloren (mit Kamikazes) 7800 Flugzeuge, ein Aderlaß an Menschen und Material, der nicht auszugleichen war. Die Kamikaze hatten – trotz höchstem Einsatz – ihre Aufgabe nicht erfüllt.

Am 18. Juni kam General Buckner noch tragisch ums Leben. Er hockte auf einem Feldstuhl, als unweit eine japanische Granate detonierte und ihn ein Korallensplitter in die Brust traf. Er war der einzige amerikanische Armeeführer, der im Zweiten Weltkrieg getötet wurde.

In der Frühe des 22. Juni vollzogen General Ushijima und sein Stabschef, Generalleutnant Isamu Cho, vor einer Felsenhöhle (fortan „Höhe 89“ genannt) feierlich das rituelle Harakiri.

Und noch in der gleichen Nacht erfuhr die Weltöffentlichkeit vom Ende des organisierten Widerstandes auf Okinawa.

Der Kampf um die letzte Insel im mörderischen Sturmlauf durch den Pazifik ist ein Hohelied auf menschlichen Opfermut und menschliche Leidensfähigkeit.

Finale

Mit den Philippinen hatte Japan auch den Krieg verloren. Der Handelskrieg mit den enormen Schiffsverlusten tat ein übriges. Ohne Zufuhren war das Land nicht lebensfähig. Hierzu einige Importzahlen vor dem Kriege: 100 Prozent Gummi, Magnesit, Baumwolle; 89 Prozent Eisenerz; 88 Prozent Zucker; 82 Prozent Erdöl; 75 Prozent Sojabohnen; 30 Prozent Brotgetreide. Damals umfaßte die Handelsflotte sechs Millionen Bruttoregistertonnen.

US-U-Boote bedrohten nun die Nachschubwege; zu Kriegsbeginn standen 51 im Pazifik. Sie versenkten 1943 im Monatsdurchschnitt 115 000 Bruttoregistertonnen, 1944 sogar 210 000. Hauptoperationsgebiete waren das Gelbe und Japanische Meer.

Auch Trägerflugzeuge dezimierten den Schiffsraum. Die Zahlen reichen von 200 000 bis 234 000 Bruttoregistertonnen, während die Heeresluftwaffe nochmals 800 000 Bruttoregistertonnen angibt.

Wie in Deutschland, erlitten auch japanische Städte die Bomberangriffe. Von November 1944 bis Juli 1945 warf die strategische Luftwaffe zirka 150 000 Tonnen Bomben auf Städte (260 000 Tote, 412 000 Verletzte; ohne Atombombenopfer) und 12 000 Magnetminen vor die Häfen; 400 Quadratkilometer Stadtgebiet (drei Millionen Häuser in 66 Städten) wurden zerstört. Das alles in acht Monaten.

Auch die Rüstungszahlen divergieren gewaltig. So bauten die Amerikaner im Kriegsverlauf zehn Schlachtschiffe, die Japaner nur zwei; 17 Flugzeugträgern standen sieben gegenüber; auf 350 Zerstörer kamen 50; 24 000 Marineflugzeugen entsprachen nur 14 000.

Mitentscheidend für den Schlachtenablauf war das Führungskonzept. So strebten die Marinestäbe nach Midway, die Heeresplaner aber nach Port Moresby. Solche Probleme gab es bei den Amerikanern auch, doch das letzte Wort hatten dort die Joint Chiefs bzw. der US-Präsident, während in Japan das Kaiserliche Hauptquartier, das „Genro“ und der „Geheime Staatsrat“ mitredeten.

Zum Vorwurf, der japanischen Strategie und Taktik mangelte es an Flexibilität, kommt noch das „Unverständnis“ unsererseits; daß Tausende Soldaten in „Banzai“-Angriffen sinnlos verheizt wurden, mit Sühne-Harakiris, „Bushido“- und „Senjinkum“-Regeln weniger militärische Erfolge zu erreichen, vielmehr Mannestumspflege und „Todessehnsüchte“ zu vermitteln waren, erscheint uns logisch. Dabei steht außer Zweifel, daß der japanische Soldat gut trainiert und ein tapferer Kämpfer war. Die Amerikaner bemühten sich, den Materialverschleiß vor Menschenleben zu setzen, doch wenn es nicht anders ging, verzichteten auch sie auf Truppenschonung.

Die Wildheit und Grausamkeit des Pazifikkrieges, durch religiöse und ideologische Grundhaltungen motiviert, in der unterschiedlichen Mentalität angelegt, kommentiert der Historiker Morison so: „Wir führten keinen ritterlichen, zivilisierten Krieg ... Es waren alle Griffe erlaubt, Pardon wurde nicht gegeben. Die Japaner hatten es so gewollt, sie glaubten, sie könnten auf diese Weise eine ‚verweichlichte Demokratie' in Schrecken versetzen, wir zahlten es ihnen zurück, mit all dem zusätzlichen Grauen, das die moderne Wissenschaft hervorbringen kann."

Nach dem Sieg auf Okinawa waren eigentlich die Politiker aufgerufen, Frieden zu machen. Doch da gab es ja die Klausel der „Unconditional Surrender" (Bedingungslose Kapitulation). Sie verrammelte alle Türen. Und sie zeigte ungeahnte, dem Grundgedanken zuwiderlaufende Folgen: In Japan (wie in Deutschland) stellten sich die Menschen nur noch dichter hinter ihre zum Durchhalten entschlossenen Führer. Schließlich versprach ja auch der „Morgentauplan" den Verlierern nichts Gutes. Also bekamen die „Weitermacher" unfreiwillige Schützenhilfe. Den Rest besorgte die Propaganda, die Zuversicht ausstreute und Siegeshoffnungen verhieß.

Militärisch gesehen bestand eine reale Chance für den Kampf um Japan: Zwei Millionen Soldaten, 9000 Flugzeuge (darunter viele Kamikaze), Baka-Gleitbomben („Maru Dei"), Kampfschwimmer, 1-Mann-Torpedos, U-Boote waren zur Endschlacht bereit. Treibstoff war knapp, doch man gewann ihn jetzt aus Tannenwurzelöl.

Die Landung in Japan sollte am 1. November 1945 (Deckname: „Olympic") mit 13 Divisionen in Kyûshu, der südlichsten Insel, ansetzen und im Frühjahr 1946 mit 25 Divisionen bei Tokio ergänzt werden (Deckname: „Coronet"). Die Planer rechneten mit hohen Eigenverlusten und einem „nationalen Kamikaze-Geist", dem von der japanischen Propaganda bereits angekündigten „Ichioku gyokusai" (Schlachtentote der 100 Millionen).

Nach dem Fall von Manila (Februar 1945) ergriff Kaiser Hirohito die Initiative. Zwar als Gott-Kaiser verehrt, besaß er real wenig Macht. General Hideki Tojo war am 17. Juni 1944 (nach der Marianen-Niederlage) zurückgetreten, doch Fürst Fumimaro Konoye (sein Nachfolger) und der „Oberste Rat" hatten noch immer das Sagen. Die Ansicht des Tenno (Kaiser) war: „Politiker sind nicht dazu da, ihr Volk heldenhaft untergehen zu lassen, sondern es ist ihre Pflicht, mit allen Mitteln dafür zu sorgen, daß es am Leben bleibt." Und danach handelte er nun. Man hoffte auf die Sowjets als Vermittler. Aber der russische Gesandte in Tokio, Jakob Malik, zog die Verhandlungen in die Länge und verlangte noch eine Art „Maklergebühr". Dadurch bekamen die Verhandlungsgegner wieder Auftrieb. Im Februar 1945 waren die Militärs noch mächtig genug, den Krieg als bessere Alternative zu einer unehrenhaften Kapitulation im Volk publik zu machen.

Aber Hirohito gab nicht auf. Er löste Konoye durch Admiral Kantaro Suzuki ab, machte Shigenori Togo wieder zum Außenminister und ließ wissen, daß er die Staatsführung nun selbst übernehmen wollte.

Wie reagierte Washington? Nicht! Die Verfechter der „Bedingungslosen Kapitulation" aus der Casablanca-Konferenz (14.–25.1.1943) behielten die Oberhand. Viele dachten wie Generalmajor George C. Kenney, Befehlshaber der US-Fernost-Luftwaffe, der die Japaner wissen ließ: „Kapitulation, oder ich werde Japan täglich mit 5000 Flugzeugen angreifen lassen und das Volk zu Nomaden machen."

Hirohito bat die Sowjets, seinen persönlichen Gesandten Konoye in Moskau zu empfangen. Die Sowjets warteten erst zwei Wochen und wollten dann die „näheren Erläuterungen des Zwecks der Mission Konoyes" haben. Japan gab sie, bat nochmals um Friedensvermittlung. Nichts. Keine Antwort. Und der Grund? Stalin wollte erst klammheimlich seine Truppen nach Sibirien bringen und (trotz bestehenden Nichtangriffspaktes) gegen Japan losschlagen, um sich mit Gewalt mehr zu holen, als ihm zuvor in Kairo und Jalta zugesprochen worden war. Dann reiste er nach Berlin. In Moskau aber ließ Außenminister Molotow den japanischen Botschafter Noatake Sato weiter „schmoren".

Am 26. Juli wurden die Ergebnisse der Potsdamer Konferenz bekanntgegeben. Hirohito interpretierte sie günstig, der „Oberste Rat" aber nicht. Da begann die Zeituhr zu ticken!

Am 16. Juli war den Amerikanern der erste Atombombenversuch geglückt; sie besaßen nun ein Instrument, um den Krieg auch ohne die bündnismüden Russen beenden zu können. Harry S. Truman, Roosevelts Nachfolger, sagte dazu vor der Presse: „Wenn die Russen keine Zusammenarbeit wollen, so mögen sie zur Hölle fahren."

Zur Anwendung der Atomwaffe stand auf Tinian (Marianen) beim XXI. Bomberkommando (LeMay) die 509. Gruppe (Tibbets). Hier sollte die Montage für den Einsatz erfolgen. Das „Aktive Material" brachte großteils der Kreuzer „Indianapolis" (dann versenkte ihn ein japanisches U-Boot), den Rest eine B-29-Maschine.

Truman erfuhr vom Atombombenversuch in Potsdam. Am 26. Juli 1945 stellten die USA, Großbritannien und China den Japanern ein Ultimatum zur Einstellung der Kampfhandlungen. Im japanischen Kabinett gab es große Aufregung: Togo suchte einen Kompromiß zwischen der Auflage einer „Bedingungslosen Kapitulation" und der „Gesichtswahrung"; Umezu schwankte innerlich; Toyoda wollte verhandeln; Suzuki lehnte aus religiösen Gründen ab, zumal die künftige Stellung des Kaisers unklar blieb.

Um die Kapitulation zu erzwingen, befahl Truman den Abwurf der zwei vorhandenen Atombomben über japanischen Städten.

Am 6. August 1945, um 8.15 Uhr, ließ Oberst Paul W. Tibbets aus seiner B-29 mit Namen „Enola Gay" an einem kleinen Fallschirm die erste Bombe auf Hiroshima fallen: 92 167 Tote, 9 428 Schwer- und 27 997 Leichtverletzte!

Drei Tage später warf Major Charles W. Sweeney aus einer B-29 namens „Great Artiste" die zweite Bombe auf Nagasaki.

Am 14. August 1945 verhandelte Hirohito erneut mit dem „Obersten Rat" und konnte ihn umstimmen: Kapitulation. Die Rundfunkrede wurde vorbereitet. Der Kaiser sprach auf Platte. Tags darauf hörte das Volk die Stimme des Tenno. Viele Menschen knieten und weinten. Die letzten Kamikaze stürzten sich mit ihren Maschinen ins Meer. Verwundete Flieger, geführt von Admiral Takijiro Onishi (Mitbegründer des Kamikaze-Korps), verübten vor dem Kaiserpalast Harakiri. Ein Haufen Soldaten drang in den Palast ein, um die Radioübertragung zu verhindern. Der Kaiser war in Gefahr und versteckte sich. Der Kommandierende General des Palastbezirks ließ die revoltierenden Soldaten hinausdrängen, dann erschoß er sich. Suzukis Haus wurde angezündet. Der Kriegsminister beging Selbstmord.

Der Krieg war offiziell beendet. Jetzt hatten es die Sowjets plötzlich eilig. Mit einer fadenscheinigen Begründung überspielte Molotow den sowjetisch-japanischen Nichtangriffspakt. Unter Marschall Alexander Wassiljewski waren schon drei Heeresgruppen rings um die Mandschurei angetreten: 1. Fernostfront (Merezkow) bei Wladiwostok; 2. Fernostfront (Purkaev) nördlich des Amur; Transbaikalfront (Malinowski) in der Mongolei. Angriffsschwerpunkt war die sogenannte „Kwantung-Armee" der Japaner. Und die Russen marschierten weiter, obwohl Japan schon am 10. August 1945 kapituliert hatte. Sie besetzten die Mandschurei, stießen nach Yünnan und Nordkorea vor, setzten amphibische Verbände gegen Südchina und die Kurilen an. Nach anfänglichem Widerstand ließen sich die Japaner dann divisionsweise gefangennehmen. Die Russen heimsten nun ein, was ihnen in 40 Jahren politischer Aktivität nicht gelungen war: Sachalin, Kurilen, Mandschurei; sie redeten in Nordkorea mit hinein. Ihre Propaganda stürzte sich sogar auf die „Brosamen vom Tisch der Anglo-Amerikaner" und verkaufte die Fotos der Kapitulations-Formalitäten hinter dem Eisernen Vorhang so raffiniert, als ob die Sowjets die eigentlichen Sieger im Pazifikkrieg wären. So abwegig war das gar nicht. Denn: Sie legten die Lunte für den späteren Indochina-Konflikt, assistierten bei der Geburt „Rot"-Chinas, halfen bei der Halbierung Koreas, kassierten die Kurilen, obwohl dort kein Rotarmist je einen Schuß abgab.

Am 2. September 1945 lag ein US-Flottenverband in der Bucht von Tokio. Auf dem Schlachtschiff „Missouri" wurden die Kapitulationsformalitäten erledigt. Außenminister Mamoru Shigematsu und Generalstabschef Yoshijiro Umezu setzten ihre Schriftzeichen auf das Dokument. Der US-Vertreter, General Douglas MacArthur, gab ihnen nicht die Hand.

Der Krieg im Pazifik war beendet.

Namenregister

Ortsregister

Allgemeines Register